Professional Sports Business Compass

プロスポーツ・ビジネス羅針盤

マンチェスター・ユナイテッドほか世界に学ぶ

元Jリーガー　Jクラブ執行役員　公認会計士

［著］西野 努・藤原兼蔵・三浦 太

編集協力：(株)電通 伊地知直亮

税務経理協会

はじめに

２０１３年９月８日の日本時間朝５時、ブエノスアイレスにおいてＩＯＣ総会が開催され、ＩＯＣのロゲ会長が「ＴＯＫＹＯ」と高らかに叫んだ瞬間に２０２０年東京五輪の招致が決定した。早朝にもかかわらず、多くの日本人が決定の瞬間をＴＶ生中継で観て興奮を覚えたはずである。それは、オリンピックが日本に来るということに対する日本人の素直な歓喜であると共に、スポーツ関係者にとってはわが国におけるスポーツビジネス拡大の可能性に対する期待が大きく膨らんだ瞬間でもあった。この東京五輪をきっかけに、わが国のスポーツが文化、ビジネス、エンターテイメントとして花開き、発展していく起爆剤になるとの期待を持った人も多いはずである。

本書は、世界とわが国のプロスポーツ・ビジネスの現状を分析し、さまざまな課題や可能性を洗い出すことと共に、プロスポーツをビジネスとして成功させるためには何が必要かということを明らかにすることを目的としている。

そのために、執筆に当たっては広範な情報収集に努めた。中でも、本書のタイトルの副題にもなっているサッカーの世界的ビッグクラブ「マンチェスター・ユナイテッド」については、企業実務やＩＰＯの専門家である公認会計士、経営コンサルタントも加わり開示資料等を多面的に分析している。

また、単なる表面的な分析にとどまらず、プロスポーツが実際にどういう仕組みで運営されているのか、プロスポーツ業界の仕事とはどのようなものなのか、そこで働くためにはどうすればいいのかなど、実際にプロスポーツ・ビジネスに携わる立場からの「現場の声」に多くのページを割いた。将来プロ・スポーツ業界で働きたい方、現在働いている方、さらに、ファン、サポーターから選手まで、プロスポーツ業界に関わる多くの方にとって役に立つ情報が盛りだくさんとなっている。

本書によって、これまであまり知られていなかったわが国のプロスポーツの現状が明らかになると同時に、海外のプロスポーツの事情も踏まえたうえで、将来進むべき方向性を指し示すことができればこれに勝る喜びはない。

最後に、本書の発刊に当たりお世話になった株式会社税務経理協会の方々に心から御礼申し上げる。

２０１４年5月　執筆者一同

目次

第10章　プロスポーツ・ビジネスはドリームジョブ!? 209

エピローグ 237

プロローグ

□ プロスポーツがビジネスになる時代

わが国は世界の中でも衣食住が相対的に満たされており、趣味に没頭し、娯楽にお金をかけ、時間を費やす余裕を多くの国民が持っている状況といえる。そのため、多くの会社が趣味や娯楽の分野でビジネス機会を広げるべく、さまざまな興味深い商品やサービス、映像コンテンツ、エンターテイメントを企画し、提供している。

そのような中で、誰でも自分の好きなスポーツや周囲の人々が話題にするスポーツならば、試合を観たいと思うだろうし、試合結果や試合を分析する番組や情報は何かと気になるはずである。特に近年は、世界レベルで日本人も戦えるプロスポーツがかなり増えている。実際、野球やサッカーを中心に世界のプロチームに移籍し活躍する選手が当たり前に存在する時代になっており、現地リーグや国際大会で海外の有名選手と互角に渡り合う海外からの試合中継もリアルタイムで日常的に気軽に観られる時代である。これに伴い、良い意味でプロスポーツが国民のナショナリズムを煽り、国民感情を1つにする極めて珍しい存在、コンテンツになってきており、エンターテイメントとしての価値が高まっている。

このようなプロスポーツの映像コンテンツとしての価値の高まりによって、試合の入場料や放映権収入が拡大すると共に、スター選手に関連したグッズ、イベント、ＣＭ等の収入も増加している。プロスポーツが大きなビジネスになる時代が到来しているのである。

ちなみに、わが国では野球や相撲は知名度、人気が定着していると共に、経済的にも一定の成功を収めているとはいえ、ビジネスの観点からは、まだまだ多くの課題がある。また、Ｊリーグは発足から20年が経ったが、欧米のプロスポーツの長い歴史からするとその歩みは始まったばかりであるし、下部組織の充実などスポーツとしての裾野を広げることも目指してはいるが、欧米の先進的な取組みと比べるとやるべきことはまだ山ほどある。

本書では、プロスポーツ・ビジネスについて取り上げるが、世界中で競技人口が圧倒的に多く、かつプロスポーツとしても人気の高いサッカーをメインにして、どのようにビジネスとして成り立たせていくかを説明する。それらの内容はサッカーのみならず、あらゆるプロスポーツ・ビジネスにも多くの処方箋を与えられると確信している。さらに、ビジネスとしてスポーツ・クラブを運営する場合、選手のみならず、さまざまな人が運営に携わることになる。クラブ運営に携わる人々にとっては、自身の所属するクラブが今後どのような方向に向かうべきかが大きな関心事であるはずなので、ぜひ本書を参考にしてほしい。そして、娯楽の１つとしてスポーツを楽しむ人々、ファン、サポーターもプロスポーツがどのように運営され、今後どうなるか大いに興味があるのではないだろうか？　その全ての方の参考となるよう、プロスポーツ・ビジネスについて多面的に情報を提供したい。

□ 2020年東京五輪を契機に花開くわが国のスポーツ業界

わが国でオリンピックが開催されることで、国際標準の施設が東京を中心に確実に整備され、２０２０年までにスポーツ・インフラが一気に揃うことになる。世界標準で整備されるインフラはオリンピック後も活用できるため、各スポーツ競技で多くの世界大会を招致できるようになり、国民は一流のスポーツを間近で観ることができる。スポーツを当たり前に楽しむ環境が整えば、スポーツを観戦するということがより多くの人々に浸透するはずである。

また、スポーツ施設や会場へのアクセスも整備されることで、これから２０２０年までにスポーツ人口が飛躍的に伸びるだろう。政府や東京都のスポーツ関連予算も増大し、トレーニング環境も強化されると共に、選手の強化策も次々に打ち出され、６年間に世界レベルのアスリートが多数現れるはずである。オリンピック自国開催がバネとなり、才能がある金の卵を数多く発掘、トレーニングし、将来のスターを育成するチャンスである。

また、オリンピックは超一級の映像コンテンツでもあり、多くのアスリートのタレント価値が高まることになる。有名選手は、プロスポーツ・ビジネスにおける価値あるキャラクターに大きく成長し、ビジネスにプラス効果を生むであろう。

一方、スマートフォンやタブレットなどのモバイル端末の普及は、現時点では世界的にも黎明期といえるが、７年後にはＩＴ環境も劇的に進化しているはずである。恐らく、２０２０年のオリンピック・ビジネスはＴＶ中継だけでなく、モバイル端末を駆使した映像配信などがごく当たり前に実施されるだろう。それらのＩＴ技術はプロスポーツ・ビジネスにも応用され、マーケティング活動や販売活動への寄与と共に、スポーツを楽しむファンのためのサイバー・スペースを生み出し、収益機会と顧客満足の両面の拡大をもたらすはずである。

ＩＴの活用によって場所や時間の制約がなくなることで、ファン、視聴者の広がりが地方、アジア、世界へと一気に拡大し、放映権、スポンサーシップ、ライセンシング等プロスポーツ・ビジネスのマーケットは想像以上に広がる可能性を秘めている。

すでに、オリンピックはスポーツ業界における一大ブランドとして確立し、ＩＯＣのみならず、スポンサー企業、放送・メディア企業にも多くの収益をもたらしている。もちろんブランドの構築は簡単ではない。しかし、マンチェスター・ユナイテッドをはじめ、１クラブでも巨大なブランドを構築し、ビジネスとしても成功している例はある。したがって、わが国のプロスポーツもどうすれば世間からもっと注目を浴び、ファンや観客を増やし、結果として多くの収益を得られるかを真剣に考えるべきである。

□ 日本のプロ野球＋Ｊリーグでも英国サッカーの半分！

「プロスポーツ」を定義すれば、「スポーツ活動によって組織的な経済活動を日常的に行い、労働の対価を得る行為」といった表現になる。要するに、選手やチームがお金を稼ぐことができなければ、「プロスポーツ」とはいえない。

そして、プロスポーツ・ビジネスとは、「スポーツを軸にマーケットを創出し、持続的に収益価値を生み出し続けるため、経営資源を有効に活用する経営行動」とでもいうべきであろう。つまり、才能ある魅力的な選手を多く集め、スポーツの試合を有償でスタンド観戦またはＴＶ中継などを通じて観る顧客を増やし、顧客満足度のアップも兼ねて考えうる関連ビジネスも拡大させながら、利益を上げることがプロスポーツ・ビジネスといえる。利益を上げてこそ必要な選手を確保・維持したり、関連施設や設備を増強したり、ファンを引き付ける色々な企画を打ち出すこともできる。

その意味では、わが国において真の「プロスポーツ・ビジネス」といえるのは野球、サッカー、相撲くらいであろう。一方、米国では野球、アメリカンフットボール、バスケットボール、アイスホッケー、サッカーなど実に幅広い。

もっとも、日米ではメジャー・スポーツに位置付けられる野球は、オリンピックの正式種目からも外されことが物語るように、世界的に見ればマイナー・スポーツの１つに過ぎない。これに対し、試合数、選手数、クラブ数、ファン層などで圧倒的な規模を誇るのがサッカーだ。特に、欧州、南米、アフリカなどではサッカーが断トツの人気である。そして日本でも、Ｊリーグの発足をきっかけに野球と相撲一辺倒だったプロスポーツにサッカーが加わり、今日に至っている。

日本のプロスポーツのマーケット規模は、野球とサッカーを合わせても年間２０００億円程度であり、過去10年間を見てもほぼ横ばいで推移しているが、世界を見渡すとサッカーだけで英国は25億ユーロ（約４０００億円）、ドイツは17億ユーロ（約２８００億円）、スペインは17億ユーロ（約２７００億円）、イタリアは15億ユーロ（約２４００億円）、フランスは10億ユーロ（約１６００億円）となっている。フランスだけはマーケットが数パーセント縮小しているが、他の国では未だに成長している。日本のプロスポーツは今のところ〝ビッグビジネス〟とはいえないが、今後の創意工夫、努力次第で伸び代はいくらでもあるということだ。

プロスポーツ大国とはまだいえない日本。プロスポーツをビジネスとして大輪を咲かせるには、何をなすべきか？　それが今まさに問われている。

□ わが国のプロスポーツが抱える経営課題

わが国のプロスポーツ・チームの多くは赤字経営となっている。しかし、そんなチームが永続的に存続できるはずはない。プロスポーツである以上、いかに利益を出していくかが重要である。また、利益を出すだけでなく勝つためのチーム作りもプロスポーツには欠かせない。それを掲げない球団・クラブはプロスポーツとして生きる資格はない。つまり、プロスポーツでは、利益を出しながら、勝つための投資（選手の獲得など）を行っていくことが求められる。では、なぜ利益を出せないのだろうか？

わが国のプロスポーツ・ビジネスの多くが利益体質でない理由は主に2つある。親会社依存体質と、スタジアム経営が球団・クラブ運営と一体化していないチームが存在することである。まず、親会社からの支援がある場合、通常は親会社が赤字分を広告宣伝費用として負担するため、どうしても球団・クラブは収益性に対する考え方が甘くなる。その結果、適切な経営判断もままならないという構造的な課題を有している。しかし、親会社が未来永劫支え続けてくれる保証はなく、こうした〝おんぶに抱っこ〟が常態化している状況は非常にリスクが高い構造といえる。そのため、球団として自立したビジネスを展開するには親会社に依存しない経営体質の構築が不可欠である。その結果、自立した優良企業となり、親会社が付加価値を認めて自らスポンサーとして資金を拠出したくなるくらいにまで成長することができれば、親会社にも恩返しになるはずだ。

次に、スタジアム経営を球団・クラブ運営と一体で行わない場合、収益源に制約が生じ、球団のブランド力を最大限に生かせないことになる。別会社が運営するスタジアムを球団が賃借する契約だと、広告看板料、飲食売上、グッズなどのショップ売上、イベントやアトラクション関連のエンターテイメント収入などの営業権を持てず、これらが全て他社の収入となってしまうという現実がある。また、スタジアムをファンにとって居心地の良い空間にするための改修も自由にできないとなると集客もままならず、収益が伸び悩むという悪循環に陥る可能性が高くなる。この構造的な課題を解決しない限り、プロスポーツが産業として独り立ちするのは難しい。本来、集客力はチーム自体にあるので、スタジアムの所有、賃借に関わらず営業や改修が可能な契約を結び、集客で生じる収入の大半はチームが得るべきである。これらの2つの課題を解決できたチームは収益を獲得しやすくなるはずである。そして、そこから先の課題として、収入＞コストとなるビジネス構造をいかに作り上げるかが球団経営者の仕事である。つまり、収入構造とコスト構造を徹底分析して経営課題を抽出し、是正するほか、未だ取り組んでいないアイデアや施策にチャレンジすることで、より多くの利益を生み出す事業基盤を確立すべきである。

第１章

プロスポーツを成功させるビジネス羅針盤

　プロスポーツはビジネスとして見ても成長産業の１つといえる。そして、オリンピックや欧米プロスポーツの主なものはすでにビックビジネスへと飛躍している。わが国のプロスポーツはビジネスという観点から見るとまだ黎明期といえ、ただ試合に勝つだけでなく、ビジネスとして運営するコツを体得し、経営資源を有効活用していく努力が必要な段階にある。ビジネスとして成功するためには、ヒト、モノ、カネ、情報、さらにはブランド価値などについていかに考えるか、そしてガバナンスの確立、交渉力の強化がいかに重要であるかを説明する。

三浦　太

□ プロスポーツ・ビジネスが「成長産業」である理由

プロスポーツ業界の収益源は、入場料、放映権、スポンサーシップ（広告）、マーチャンダイジング（物販）、スタジアム関連（飲食、ショップ、アトラクション、イベント等）、その他（各種大会賞金、選手の移籍金、スクール等）からなる。人気の球団・クラブほどそれらの収入が相乗効果をもって増加することになり、ビジネスとして好循環が生まれる。

このようにプロスポーツ・ビジネスは比較的シンプルな構造となっており、基本的には、実力・人気のある選手を多く抱え、若年層を育成し、試合に勝つことで、ファン、サポーターが増え、入場料、物販、スタジアム関連の収益が増加すると共に、スポンサー数やメディア露出も増え、さらにこれが入場料収入等の増加に繋がるというビジネス構造が確立する。

もっとも、このビジネス構造を確立するためには、一定以上の「マーケットサイズ」が必要になる。この点からすると、プロスポーツ・ビジネスの将来は明るいといえる。というのも、世界全体を見渡すと、経済的な貧富の差が少しずつ解消されつつあるからだ。ＢＲＩＣｓ（ブラジル、ロシア、インド、中国）諸国の躍進、東南アジアの台頭、さらにはアフリカ諸国の政情安定と経済発展の兆しが現実化している。それらの諸国の人々はサッカーをはじめ、比較的スポーツ好きな国民性を持っており、経済発展に伴い、娯楽としてプロスポーツを観たり、関連グッズを買う可能性は拡大するはずである。さらに、これらの諸国でプロスポーツが普及すれば、人気選手がさまざまな消費財の広告に起用されるなど、〝本業〟以外の収益も見込めるようになる。

世界人口72億人の内訳は、年間世帯所得の大きさにより、高所得者層（2万ドル超）、中所得者層（3千～2万ドル）、低所得者層・BOP（Base of the Economic Pyramid＝経済ピラミッドの底）層（3千ドル以下）に区分されるが、BOP層はなんと40億人もいる。高所得者層、中所得者層はすでにプロスポーツに何らかのお金を払って楽しんでいるが、低所得者層・BOP層も貧困を抜け出し、スポーツなどのエンターテイメントにお金をかけ、楽しむ時代がもうじき来る可能性が高い。もしそれが40億人の一部であったとしても、かなりのマーケットの広がりとなる。

このように世界の経済潮流から判断してもプロスポーツ・ビジネスは成長産業であり、創意工夫、努力の甲斐があるビジネスといえるであろう。

□ 運営者側の知恵がスポーツビジネスを成功に導く

ビジネスとして成功するためには、究極的には、収入を増やし支出を切り詰めるしかない。収入で賄えるコストで経営できるかというごく当たり前のビジネスができるかがポイントである。スポーツビジネスにおいて収入を拡大するためには、ファンをいかに増やし繋ぎ止めるかが重要であり、そのためには試合に勝つことはもちろん、面白い試合を増やさなければならない。それには、スター選手の獲得も必要だろう。ただ、クラブ運営上は財務規律が重要であり、移籍金や人件費で赤字になるような経営はクラブの永続性という点で大きな問題がある。例えば、人件費は収入の50％未満が財務上は健全とされている。ＵＥＦＡ（欧州サッカー連盟）では、後述のファイナンシャル・フェア・プレーという収支バランスのルールが２０１３年から運用され健全化に向けた取組みがなされている。また、特定のチームによるスター選手の乱獲は、リーグ全体に悪影響を及ぼす可能性がある。例えばサッカーの場合、近年のリーガ・エスパニョーラにおけるＦＣバルセロナやレアル・マドリード、ブンデスリーガにおけるバイエルン・ミュンヘンやボルシア・ドルトムントのように、特定のチームが独走するよりも、ある程度各チームの戦力が拮抗し、混戦状態にあったほうが、リーグ全体も盛り上がり、各チームの収入も結果的に増える可能性が高い。つまり、スポーツビジネスが成功するためには、各クラブの自助努力に加え、リーグ全体の運営力が重要になる。

人気のあるスポーツが優良コンテンツとして巨大ビジネスになることを証明しているのがオリンピックだ。オリンピックは元々アマチュア・アスリートの祭典だったが、1984年ロサンゼルス大会からビジネス色が強くなり、1992年バルセロナ大会以降はプロスポーツ選手の参加が加速し、華やかさが格段にアップすると共に観客数も増加した。そして、最低入札価格を設け、メディアの放映権、スポンサーの協賛金について、1業種1社方式の競争入札を導入すると共に同業者に競わせることで桁はずれの収益を達成した。一方、多額のコストを負担したメディアやスポンサーも単に泣き寝入りしたわけではなく、オリンピック関連ビジネスでの独占的な立場を手にして、視聴率アップや自社商品の販売増を実現し、その多額のコストを上回る収入を手にしている。

同様に、欧州の人気サッカー・クラブや米国のMLB、NFL、NBAなども多額の収益を生み出し、主力選手はハリウッドスター並みの年俸を稼ぐようになっており、一大エンターテイメント産業を形成している。

□ プロスポーツをビジネスとして運営するコツ

プロスポーツビジネスは、勝つための集団としての、チーム運営はもとより、スタジアム運営、放映権の販売やマーチャンダイジングといった相互に関連しつつも性質の異なる事業を同時並行で展開しなければならない複合事業体であり、それゆえ内部的にはしっかりと「ガバナンス」（統治機構）を確立し、各事業の役割分担を決めたうえで、それぞれの権限や責任を明確にしておくことが必要である。

選手・コーチ・スタッフの人事を含めたチーム運営全般については、ゼネラルマネージャーと監督に任せるべきである。また、スタジアム運営には自治体との交渉や集客のためのインフラ整備の司令塔となりうる能力を持った球団幹部を充てるべきである。そして、飲食・グッズ・ファンクラブ・エンターテイメント事業などのビジネスは選手ＯＢなどに加えて、こうした事業の実務経験のある者が運営に当たるべきである。オーナー自身は色々口を出したい衝動に駆られても、大所高所から発言するにとどめ、云わば「君臨すれども統治せず」のスタンスで強力に分権化した運営体制を固めることが重要である。

現オーナーによるマンチェスター・ユナイテッドの強引なクラブ買収に対し批判も多いが、総収入3億ユーロ以上の収入を上げ、過去5年間で5割以上伸びている事実がある。

結論として事業は成長しており、成功を収めているといえる。その背景には、チーム運営は選手の人事なども含め全権を監督に預けると共に、ファイナンス、スタジアム運営、小売、ファン拡大やイベント活動などは外部から選りすぐりのプロを役割ごとに招聘することにより、専門分野に応じた分権経営を実践しているということがある。明確なガバナンスを確立している好例といえるだろう。近年、金満オーナーによる各クラブの買収が相次いでいるが、こうしたオーナーが戦術にまで口を出し、監督や選手がモチベーションを失うことがよくある。こうしたガバナンスの欠如したクラブ運営は結果的にチームを弱体化させ、ひいてはファンの減少、クラブの業績悪化につながりかねないといえよう。

　次に、プロスポーツを運営するうえで重視すべきは外部に対する「交渉力」である。スポーツ・ビジネス全般を通して明確に実務が確立していない業務分野も多くあり、改革の余地も大きい中では、交渉力がモノをいう。交渉によってプロスポーツの魅力とビジネスとして無形の価値を交渉相手が評価すれば、球団・クラブに有利な条件を引き出せる可能性がある。したがって、対協会、対リーグ、対選手、対自治体、対スタジアム所有者、対スポンサー、対メディア、対金融機関、対関連取引業者などとの交渉努力により好条件を引き出せるか否かで収益に雲泥の差が生じる。実際、欧米では多くの、そして最近では日本でもいくつかの球団・クラブが交渉力を駆使して他よりも業績を伸ばす例が増えている。

□ プロスポーツ・ビジネスを展開する経営資源（ヒト）

一般のビジネス同様、プロスポーツ・ビジネスにおいても、経営資源（リソース）と呼ばれるヒト、モノ、カネ、情報を必要に応じていかに確保するかで経営のパフォーマンスが大きく変わってくる。

まず、「ヒト」であるが、プロスポーツとして収益を生み出していくためには、さまざまな人材が必要になる。具体的には、チーム内のゼネラルマネージャー、監督、選手、コーチ、サポートスタッフ、トレーナー、フロントのほか、①マーケティング、広報、②スタジアム、③小売（飲食、グッズほか）、④ファンクラブ、⑤イベント・エンターテイメント、スクール事業などの実務を機能ごとに専門的に任せる人材が必要となる。

大げさにいえば、経営目標として想定すべきライバルは、右記の各機能別に考えると、①大手広告代理店、②テーマパークやショッピングモール、③大手飲食チェーン、アイドルショップ、ディズニーストア、④芸能プロダクション、エージェント会社、⑤ディズニーランド、ユニバーサルスタジオ、吉本興業などがある。選手やチームをより良い「コンテンツ」として育て、それをベースに考えうる関連ビジネスを周到に展開する。単なるスポーツ集団を超えた存在になっていくことこそプロスポーツがメジャーになっていくためには不可欠である。

　さらに、プロスポーツを取り巻く利害関係者＝ステークホルダーも経営資源としてのヒトの一部であり、彼らとの関係強化は、スポーツビジネスを拡大させる事業基盤の一翼として重要である。

　ステークホルダーとしては、球団・クラブの内部関係者のほか、政府、自治体、スタジアム所有者、スポンサー、放送局・メディア、流通業者、その他取引業者、金融機関、ファン、会員組織、地域住民、地元企業などが挙げられる。また、サッカーにおけるＦＩＦＡ、日本サッカー協会、Ｊリーグなどのその業界の団体・組織もこれに含まれる。特に、プロスポーツはファンあってはじめて成り立つビジネスなので、その他のステークホルダーとの関係を幅広く強化することで、ファンの満足度向上を図り、気持ちよくお金を払ってもらえば、収益の向上が図れるビジネス構造となる。

□プロスポーツ・ビジネスを展開する経営資源（モノ・カネ・情報）

２つめの経営資源である「モノ」としては、スタジアム、練習場、クラブハウス、トレーニングルーム、売店、ファンとの交流拠点、下部組織施設、スクール施設などが挙げられる。これらのうち、特にスタジアムを所有し、自由に活用できるかどうかで経営に大きな差が生じる。また、賃借であっても所有者との交渉でプロスポーツに適した専用仕様や顧客満足度のための改修工事をさせてもらい、かつ運営の自由度をできる限り高められるなら、利用者増を図ることができ、収益効果も高まる。

さらに、スタジアムでの営業権を獲得できれば、施設内の看板広告料、飲食店収入、ショップ収入、施設内外でのイベント収入などが入ってくるため、大幅な収益アップが期待できる。ただ、営業権を所有できない球団が多数あるのが実態であり、球団・クラブ経営上の大きな課題となっている。この問題については、第2章で詳しく述べる。

そして、３つめの経営資源としての「カネ」であるが、チームの強さ、選手の実力や知名度などによって観客が集まり、メディア露出が増え、スポンサーが付き、関連グッズが売れ、それらを源泉に資金が集まる構造になっている。

しかし、スタジアムをはじめとする施設の建設や改修工事、有名選手の移籍金などは一時的に多額の資金を必要とするため、外部調達せざるを得ない場合も多い。外部調達の手段としては、親会社やオーナーからの資金提供、金融機関等からの融資や増資引受け、ＩＰＯ（株式上場）、ファンからの寄付、スポーツくじ関連の助成金、最近注目のクラウドファンディング（ネットを活用した資金調達）などがある。わが国では球団・クラブのＩＰＯは皆無だが、欧米には実例もあり、全くの夢物語ではない。

４つめの経営資源としての「情報」であるが、社内的には、情報共有を図り、適切な意思決定を局面ごとにタイミング良く下すための仕組みとして内部統制やＩＴシステムを活用する。対外的には、ファンを繋ぎ止め、気持ち良くお金を使ってもらうタイミングや場を見極めるために、ホームページ、メルマガ、ＳＮＳ、ネット放送、情報のアーカイブ化・データベース化、コンテンツ配信などを駆使し、最新のＩＴをマーケティング、販売活動に徹底活用できるかどうかが収益アップのカギとなる。

いずれせよ経営資源にはどの球団・クラブにも制約があり、必要資金を無尽蔵に手当てできるわけではない。したがって、足りないカネをいかに調達し、限られた予算を何に重点配分するかが課題になる。そのさじ加減や業界常識を覆し、改革するのもマネジメント層の力量といえる。そのためには、いかに良い経営陣、業務執行担当者を確保するかがビジネスの成否を大きく左右することとなる。

□ プロスポーツとしてのブランド構築

どの業界でも、「ブランド」を構築できれば、大半の企業は、安定した顧客、その先にある収益をスムーズに獲得できている。ブランド構築においては「ストーリー」や「コンセプト」が重要である。

球団誕生秘話、歴史、逸話、記念品、中興の人物伝、各時代の英雄や名物オーナー・監督・選手・スタッフ・支援者、チームカラー、ロゴ、ニックネーム、マスコット、苦境脱出や飛躍のエピソード、ファンとの関係などを整理し、独自性、強み、伝統を明確に説明し、そのうえにチームの実績やクオリティーが成り立っていることを世間に理解してもらう。単なる沿革、過去の対戦成績の羅列ではなく、チーム関係者にもファンにも、納得感があり、外部に明確に説明できる球団・クラブの物語がともなってブランドが創られる。なお、ストーリーは当然事実に基づくべきであり、フィクションが少しでも入れば、ブランド毀損に繋がるので留意すべきである。そして、ブランドに「発信力」を与えるのがコンセプト作りである。球団・クラブがどんな存在かを一言でアピールできるメッセージをファンやステークホルダーに示すことで、ブランドに発信力が生まれる。

構築したブランドを定着させるには、ファシリティ（シーズン用や特別シート・ラウンジ、イベントエリア、トイレ、通路等）を整備したうえで、従業員、スタッフ、アルバイトに球団のストーリーとコンセプトを理解させ、ファン、サポーター、観戦者に対する伝道者・体現者になってもらえれば、ブランド・イメージは定着する。ブランドによってファンはもちろん、従業員も球団・クラブに安心感、高揚感、誇りを持つことになり、その結果、他チームとの差別化が実現し、ステークホルダーと良好な関係が生まれ、的確なマーケティング活動が可能になる。経営学的には、売上の８割方は１、２割の重要顧客（ロイヤリティ・カスタマー）からもたらされる傾向にあるので、こうした重要顧客とのリレーションの十分な確保こそが収益を向上させる。また、自前の放送スタジオ（ラジオ局含む）やインターネット上での情報発信は、放送機材や通信インフラの価格が以前に比べ劇的に下がっていることから、外注よりもローコストである。自前のＩＴによる放送、ファンのデータベース化、マーケティング等を展開すれば、時を選ばずに露出度を高め、ブランド力向上にもつながる。

　ブランド力が付けば、地元スポンサーのみならず、全国区の大手スポンサーも積極的に広告活動にチームや選手を活用するであろう。ブランドの差別化を実現することができれば、その独自のブランドに合致したメディア、スポンサー、ライセンシーを自ら選び、彼らからも賛同を得て、各種の企画、広告、放送、物販等が拡大するであろう。

第2章

プロスポーツ・ビジネスのキーとなるスタジアム運営

わが国において、プロ野球は自前でない場合がまだ多いものの基本的には野球専用スタジアムである。一方で、Ｊクラブの多くは、本拠地として陸上競技場のような多目的施設の賃借に甘んじているが、クラブ所有の専用スタジアムを建設する機運も高まりつつある。なぜサッカー専用スタジアムが必要なのか、資金調達や収支面にどう対応するか、そしてスタジアムがどうすれば最高のエンターテイメントを提供する場になるかなどについて、質的・経済的側面から分析しつつ、専用スタジアム運営が経営上も不可欠であることについて説明する。

帯金　貴幸

□ 世界は「スタジアム重視」の流れにある

サッカー界において、スタジアムへの投資を重視しているのは、一部のビッグクラブに限った話ではなく、世界的な傾向といえる。Ｊリーグは、自身の設立趣旨を全うするため、ひいては日本サッカー協会の理念を遂行するため、「Ｊリーグ百年構想」を掲げ地域に根差したスポーツクラブを推進している。Ｊリーグはこの百年構想の中で①プロスポーツ・ビジネスとしての環境整備、②サッカーの魅力向上、③観客の快適性向上を目的として、ホームスタジアムとして、そして街づくりとしてのスタジアムの整備の重要性を説明している。安全性と快適さに配慮された夢のスタジアムがＪリーグの将来の目指す姿に大きく寄与すると考えているのである。

ＪＦＡ（公益財団法人　日本サッカー協会）も「スタジアム標準」というスタジアムの新規建設および既存施設の改修に関するガイドラインを定め、新しいスタジアムの整備を推進している。このガイドラインは国際サッカー連盟（以下、ＦＩＦＡ）が策定したサッカースタジアムの技術的推奨および要件を踏まえたうえで、２００２年に発表され、２０１０年に「スタジアム標準」が改訂された。この中で、ＪＦＡは「スタジアム・ホスピタリティ」と「世界標準」、２つの視点から改訂を行ったことを明らかにしている。

「スタジアム・ホスピタリティ」とは、プレーする人ばかりではなく、観戦者、大会などの運営者、管理者、地域住民など関わりを持つ方々全員にとって楽しめる、愛されるスタジアムという考え方である。例えば、ＪＦＡはそのもっとも大きな施策として、開閉式ドームの建設を挙げている。この施策は、1年当たりの試合数が少なく、多少の雨でも試合を決行するというサッカーというスポーツの特徴を踏まえたうえで、サポーターに加え、エンターテイメントの一環として観戦しに来た入場者にも負担をかけず、スタジアムまで足を運んでもらい、さらには、入場後には来て良かったと思えるように配慮したものになるはずであり、いつでも天候に左右されずに試合・大会を開催するためといえる。

次に「世界標準」とは、ＦＩＦＡの提唱する水準を満たすべくスタジアムを整備すべきという視点である。これはＦＩＦＡの提唱するスタジアムを満たすために国を挙げて取り組むことで、ワールドカップなどの規模の大きな試合を誘致、国を跨いだチームの試合を多くすることで日本全体のサッカー熱を促進させたいという思惑があるのであろう。また、世界標準を満たすことで世界規模の各種大会を招致し、衛星放送などで試合を世界に発信させ、海外クラブの大きな収益源となっている放映権収入の拡大も意図していると考えられる。このように、スタジアムを重視する流れは、世界的な傾向であるが、日本においては、まだまだ基準先行の感が否めず、Ｊクラブにおける大きな課題の1つとなっている。

□ 良きスタジアムは良きチーム運営を実現する

欧州では、観客と選手の距離が数メートルと選手の息づかいを感じることができるサッカー専用スタジアム（日本の相撲における砂かぶり席が類似）が多く、客席が全て屋根に覆われている場合、観客の声援が反響するため、何ともいえない臨場感がある。近年は、客席の傾斜を急にして各席どこからでもピッチを見やすくし、空調設備やヒーター付きの座席まで完備するなど、徹底した観客目線での設計、いわば劇場型スタジアムが増えている。ＴＶではなく実際に観戦したくなる多くの仕掛けがあるのだ。

また、誰でも楽しめる空間にするための配慮として、子供の世話係が常駐しているキッズ専用シートや、障害者専用シートが整備されているなども特筆すべきである。ほかにも、年間契約でスタジアム内の個室を貸出し、家族、仲間やビジネスでの商談の場として接待客だけで試合観戦やその観戦者だけが活用できるラウンジなどを完備したスタジアムも少なくない。試合前後にビュッフェスタイルの食事といった、サッカーの試合だけでなく、グルメを堪能することができるレストランやバーなどさまざまな試みがなされている。

さらに、全席屋根付きであれば、天候を気にせず試合が観戦でき、ビジネスとしてスケジュールどおりに試合や各種イベントを実行できる環境があると共に、選手やチームの魅力を伝えやすいレイアウトが確保され、ファンはスタジアムを訪れると心ゆくまで楽しんで帰ることができるであろう。

ここで、スタジアムをベースとした地域との関わりや地域社会への貢献も成功している欧州クラブの特徴を挙げてみる。例えば、スタジアムに合わせて、交通網を整備・充実するケースがある。観戦チケットがあれば、当日の地域内の交通機関を自由に乗降でき、気分次第で地域観光や商業施設に立ち寄るなど、本人の満足と地域活性化にも同時に貢献するのだ。また、スタジアムを複合施設化して運営していくことも重要である。マンチェスター・ユナイテッドやアーセナルなどはスタジアムにチームのファンショップを常設するなど、試合観戦日以外にも収益源となる施設を多く持つ。

このように、欧州ではスタジアムに観客が集まることで交通網が整備され、さらにスタジアムが街のシンボルとなり、新たな街づくり、ブランドとして都市開発の一端も担う。

要するに、幅広いファン層がサッカーを楽しむことができるための徹底した環境づくりが重要になるが、単にクラブの収益となるだけでなく、街・地域にとってもメリットのあるスタジアムを構想することが重要である。サッカーが文化として浸透している欧州を単純にコピーしても成功することはできない。日本に真のサッカー文化を浸透させること、日本の特徴を考慮した独特のスタジアム構想が今後生まれることを大いに期待したい。

□　わが国の「スタジアム」が抱えるプロブレム

ＪＦＡおよびＪリーグは、スタジアムの必要性を説き、スタジアム建設に係るガイドラインを示すことにより、環境の整備を強力に推奨してきた。そうした状況の下、いったいどの程度のＪクラブが「スタジアム標準」に基づいて、スタジアムを建設しているか？

そもそも欧州では当たり前であるサッカー専用スタジアムのわが国での現状はどうであろうか？　２０１３年現在、日本においては、Ｊ１およびＪ２の全40チーム中、サッカー専用スタジアムを使っているのは、残念ながらわずか6チームにとどまっている。そのクラブは以下のとおりである。

【わが国の主なサッカー専用スタジアム】

- ・埼玉スタジアム２００２（浦和レッズ）
- ・茨城県立カシマサッカースタジアム（鹿島アントラーズ）
- ・日立柏サッカー場（柏レイソル）
- ・ＮＡＣＫ５スタジアム大宮（大宮アルディージャ）
- ・とりぎんバードスタジアム（ガイナーレ鳥取）

・　IAIスタジアム日本平（清水エスパルス）

このほかのJクラブは、他の球技との兼用、または総合陸上競技場を活用している。またサッカー専用スタジアムといっても、観客席に屋根すらないスタジアムが多い。富裕層や中間層の一部は劣悪な施設環境に接しただけで二度と訪れない観客も多く存在する。客席が全て屋根に覆われ、天候を気にせず試合をすることができる欧州の多くのスタジアムとは、ほど遠い環境であるのが現状である。

このように、日本は海外と比べて、まだスタジアムの整備が遅れている。観客の満足度を向上させ、臨場感溢れるような大きな試合を数多く誘致するため、そしてクラブの収益力を向上させるための専用スタジアムの設置を強化する必要がある。

さらに、開閉式を含め、スタジアムを屋根で覆うタイプに移行するなど、天候に左右されないで試合を楽しめる環境を整備することは、四季による天候の変化が多い日本でJリーグがヨーロッパと同じ秋春制のシーズンに将来的に移行した場合でも、天候が安定しない地域や雪国のチームにおいてもスタジアム内外での周辺事業などから大きな効果が期待できると共に、それらの自治体が新たなJクラブを誘致できる可能性も広がるはずだ。

□サッカー専用スタジアムを持ちにくい日本のジレンマ

スタジアムの環境整備の充実は、世界的な傾向であり、その重要性は多くの人々が認識しているが、日本に充実したサッカー専用スタジアムが浸透しない理由は何か？

一番の問題は、クラブの資金力や交渉力、そして行政の厳格な規制であろう。「スタジアム標準」に沿って新規にスタジアムを建設する場合、一般に200億円近い建設コストが最低でも必要といわれている。加えて、スタジアムの維持管理費等が必要になるため、スタジアムを所有するクラブはなく、その解決策として、地方自治体の公共のスタジアムを格安で利用している。ただし、地方自治体には公益性が求められるため、特定のチームに利益になるサッカー専用スタジアムをW杯などの特殊事情で建設する以外は建てることは難しい。したがって、他の球技との兼用スタジアムや総合陸上競技場であることがほとんどで、サッカーファンの視点に立った、充実した専用スタジアムとしての環境整備は今のところ望むべくもない。

また、自治体がクラブ誘致に賛同したとしても行政上のルールによって理想のスタジアムが阻まれてしまう。例えば、スタジアムの立地は公園の敷地内になることが現実的であるが、その場合、「都市公園法」がサッカー専用スタジアム建設のネックになっている。

「都市公園法」では、公園内のスポーツ施設の総面積が全体の50%以内とされており、他のスポーツ施設との兼ね合いで、サッカー専用スタジアムの計画を断念するケースもあるという。さらに、火気の使用が禁止されているため、スタジアム内に、厨房設備やレストランを常設することができない。当然だが、施設内での収益活動も禁止されるため、スタジアムに特定チームのファンショップを置くことができず、クラブの収益源も限定される。

このように、Ｊクラブにとって、収益力のあるサッカー専用スタジアムを用意するためのハードルは非常に高いのが現状である。しかし、ベガルタ仙台のように地方自治体と協力し、ラグビーとの兼用スタジアムではあるものの、全席屋根でカバーされており、選手との距離も近く劇場型のグランドとして成功している例もある。そして、ベガルタ仙台のスタジアムは、最寄り駅のすぐそばであり、スタジアム建設によって、来場者の往来が生じ、周囲の商店街が賑わい、クラブが地域社会の中で、地域貢献している好例といえる。仙台は野球の楽天の誘致でも先進的な取組みをしており、自治体の長の動きも含め、今後の動向に注目したいプロスポーツ・ビジネスが発展しているエリアである。

今後、各クラブは、資金手当て、厳格な規制、地域貢献などの課題をどのように解決していくかを考えることが成功の鍵となる。それを実現するには経営改革、規制緩和、試合ルールや各種法規制の見直しが、日本のプロスポーツに共通した課題といえる。

□スタジアム自主運営こそがプロスポーツ・ビジネスの進化形

専用スタジアムの設置は、Ｊリーグで成功を収めるための十分条件ではなく、必要条件といえる。むしろ、成功を収めるためのスタートラインに立つことにすぎない。

日本では、浦和レッズが他のクラブに先駆けてスタジアムを50年間レンタルするという形で自主運営化し、営業権による収益獲得を含め、一定の成功を収めているが、各Ｊクラブがスタジアムを自ら運営することは、チケット収入やサービス向上の観点から多くのメリットがある。スタジアムをいかにクラブ経営の一環として組み込み、有効に活用できるかが成否を分けるポイントといっても過言ではない。

収入面でいえば、アーセナルのようなネーミング・ライツの販売や、ファンショップなどのさまざまな販売活動を行うことができれば当然収入の増加につながる。営業権を得ることができれば看板広告収入も見込むことができる。また、スタジアム内外で各種イベントを開催することで観客動員数を増やすさまざまな施策を打つことが可能になる。近年、ブンデスリーガで観客動員数のトップクラスを維持し、過去に香川真司が在籍したことでも知られるボルシア・ドルトムントは、チケットが比較的安いこともあり、８万人収容可能なスタジアムは常に地元のファンで満員に近い状態である。しかし単にチケットを安売りしているわけではない。例えば、ＶＩＰ席やラウンジの使用など企業や高額所得者から安定的に収益を得る仕組みを構築することで、その他の地元大衆には一般チケットを比較的安価で買ってもらい、若者が将来の富裕層としての高額チケットの顧客になるという好循環もありうる。いかに付加価値のある座席やサービスを組み合わせ、収益を作り出せるかが重要である。また、スタジアムを自主運営し、有効活用できれば、チームの成績向上につながる可能性もある。全天候型スタジアムであれば、延期もほとんどなく試合を予定どおりに開催できる。過密日程時には、試合日程を調整することも比較的容易になる。

さらに、自主運営の専用スタジアムであれば、ルールの範囲内でチームに有利な環境を整備でき、ホームゲームの勝率アップにも繋がる。例えば、アーセナルは、チームのプレースタイルに合うように芝の長さを調節したり、ボールがピッチをよく走るように水を撒いたりと、試合を優位に運ぶための工夫をしている。

このように、スタジアム自主運営は、経営の自由度を高め、チームの価値向上に繋がる多くのメリットを享受できる。今後のクラブ経営には、自主運営ならではのスタジアム有効活用のアイデア、ビジョン、経営資源（ヒト、モノ、カネ、情報）の確保、交渉力、実行力、さらには地域社会と共存するために自治体との連携、地道な地域活動や地域住民とのコミュニケーションを通しての信頼関係構築が重要となる。

□ スタジアム建設には必須となる莫大な資金調達

プロスポーツ・ビジネスとしては、日本に比べ大きなマーケットである欧州では、スタジアムの建設、クラブの売買、選手の移籍などについて、大きな資金が動く。今後、Ｊクラブが成功を収めるためには、同様な動きが不可欠であり資金力が必要になる。少なくとも２００億円程度は必要になり、先進国の都心部であれば土地代も含めると５００億円以上の建設コストがかかっている例もある。

とりわけ、多額の資金を要するスタジアム建設の資金調達アプローチは、クラブ関係者にとって最も重要なテーマの１つではないだろうか。

昨今、多くのファンや地元住民や企業などから寄付・募金を広く集め、スタジアム建設を計画しているガンバ大阪のような例もあるが、一般的には自己資金で賄えない分については金融機関等から融資を受けることになる。しかし、金融機関は返済能力を勘案して融資を実行するので、収益性が低い状態で融資を受けられるクラブは少ないと思われる。さらに融資を受けられたとしても金利負担で財務的な課題を長期間抱えることになる。

最近は欧米を中心にクラウドファンディングによるネット上での資金調達が多数実施されており、２０１３年においては資金調達マーケットとして年間５千億円規模の取引に成長しているので、１つの調達手法として定着するかもしれない。日本では法整備が今進められているところであり、今後期待したいところである。

さて、英国では１９８９年の「ヒルズボロの悲劇」を発端として、立見席の廃止や安全性の向上を目的としたスタジアム改革に舵を切った経緯がある。多くの英国のクラブは、スタジアムの建設費用が必要になり、１９９０年代前半にＩＰＯ（株式上場）を実現したクラブが多数あった。スタジアム建設ラッシュになった当時は株式上場が資金調達の１つの有用な手段となったようだ。クラブにとって株式上場は資金調達の１つの有用な手段なのであろう。その後、大半のクラブは諸事情で非上場化しているが、スタジアム建設資金をＩＰＯによって調達できたのは、ＩＰＯメリットを十分享受できた紛れもない事実ではあるので、資金調達の１つの手段としてＪクラブが検討する選択もありうる。

現状の日本においては、クラブの上場にはさまざまな制約があるが、今後のＪクラブの資金調達アプローチの選択を増やすためにも、少なくとも経営の選択の１つとしてＩＰＯ（株式上場）することができるルール作り、環境整備をＪリーグとして検討してもよいのではないだろうか。そして、各クラブの経営努力により、入場者アップ、周辺ビジネスの拡大などで収益力をアップすることで企業体としての信用力が生まれたら、金融機関からの融資、社債発行、ＩＰＯによる資金調達も選択肢として視野に入ってくる。

□ クラブが地域を育て、地域がクラブを育てる

サッカー専用スタジアムの設置においては、単に試合を実施することができる環境を作るのではなく、観戦者全てに快適な環境と最高のエンターテイメントを提供できる場所にしなければならない。世界最高レベルの欧州では、スタジアムが地域のシンボルとして進化しているように、いかに自治体や地域とＷＩＮ－ＷＩＮの関係を構築できるかが重要だ。

サッカーを含む観戦型のプロスポーツ・ビジネスは、まさしくエンターテイメント産業であり、世界のトップクラブは、選手のパフォーマンスのみならず、スタジアムに集うサポーターの応援や、試合前後の各種イベント等を誰もが楽しむことができる特別な雰囲気を作り出している。クラブや選手の人気が高まれば、チームやスタープレーヤーをコンテンツとしてゲーム以外の場所でも収益を上げる機会を得ることができる。クラブのブランド力を地域活性化の活動と連携することで、地域やコミュニティのさまざまな課題解決につなげることも可能だ。

総務省の統計によれば、わが国の人口は２０１１年ごろから減少に転じており、その減少率は徐々に大きくなっている。自治体や地域は、ヒト、モノ、カネが集まる仕組みを構築し、いかに地域を活性化するかが大きな課題であり、地域間の競争は今後ますます激し

くなるであろう。

鹿島アントラーズやアルビレックス新潟のように、スタジアムをうまく活用し地域ブランド向上に成功しているクラブが徐々に出てきていることもあり、自治体や地域としても、スポーツツーリズムなど地域活性化の担い手としてＪクラブに期待する意見もある。

クラブの成功は地域活性化につながり、地域が活性化すれば、試合入場者数、スポンサー、放映権料、ライセンシー、物販などの増加も見込めるため、クラブにも多くの利益が還元されることになる。Ｊクラブには、このようなサイクルを生み出す大きな可能性があり、こうしたＪクラブの本質をより多くの人々に認知してもらうべきであり、そのための地域での周知活動の徹底も重要である。

スタジアムの建設のほか、改修メンテナンスにかかるコストに関する資金調達、スタジアムを取り巻く各種規制など、解決すべき問題は少なくないが、地域活性化や都市計画の一部としてサッカー専用スタジアムの設置を捉え、Ｊクラブおよびスタジアムが地域活性化の推進役となり、地域の競争力を高める役割を演じるようになることを期待したい。

第3章

マンチェスター・ユナイテッドに学ぶべきこと

世界的な超一流サッカークラブ〝マンチェスター・ユナイテッド〟は、経済誌のプロスポーツ企業価値ランキングで毎年最上位に位置している。27年間君臨し、栄光の軌跡を残したアレックス・ファーガソンが退任し、その後を引き継いだデイヴィッド・モイーズは10か月でクラブを去った。それでもトップクラブであることは誰も疑う余地がなく、サッカークラブのマネジメント体制としては直近においても過去最高の収入・収益を公表しており、比類なき素晴らしい業績を実現している。このクラブを通して、プロスポーツ・ビジネスの仕組みを説明する。

清水　健一郎

□ 世界屈指のプロスポーツ・クラブ

ご存知の方も多いと思うが、米国にフォーブスという経済誌がある。このフォーブスでは、毎年、プロスポーツ企業価値資産ランキングというものを出している。日本人にとっても馴染みの深いＮＹヤンキースなどのＭＬＢのチームや、ＮＦＬのチームも含めた世界の一流プロスポーツ・チームの中で、４年連続で1位を誇っていたのが、マンチェスター・ユナイテッドである。２０１３年こそ、スペインのレアル・マドリードに1位の座を譲ってしまったが、１億３０００万ドルの差で、依然2位としてレアル・マドリードに肉薄するポジションにつけている。マンチェスター・ユナイテッドは、イングランドサッカーのトップ・プロリーグであるプレミアリーグに属し、２０１２年7月に加入した日本代表の香川や、過去にはエリック・カントナやデイヴィッド・ベッカム、クリスティアーノ・ロナウドなど日本でも人気の高いスター選手が在籍したことでも知られる。スター選手揃いだと、逆にチームとしてのまとまりを保つのが難しくなりそうだが、このスター軍団を監督として２０１３年のシーズン終了まで27年間指揮を執ったのがサー・アレックス・ファーガソンであった。まさに、27年間という在任期間の長さ自体がファーガソンに対する信頼の証しでもあるが、その間に比類なき素晴らしい成績を収めている。ＵＥＦＡ

チャンピオンズリーグ優勝２回、ＦＩＦＡクラブワールドカップ優勝１回、プレミアリーグ３連覇２回、同優勝は13回と、書き出せばキリがないほどである。

チームとしての高いその実力は、ＦＩＦＡクラブワールドカップなどの公式戦が日本でも開催されたため、間近に観た読者の方も多いのではないか。なお、ファーガソンは２０１３年７月で退任し、その後監督の座についたデイヴィッド・モイーズも10か月で解任されてしまったため、今後のチーム運営が注目されている。

一方で、プロスポーツとしてのビジネスはどうなっているのだろうか？　マンチェスター・ユナイテッドのビジネスは、過去５年間で５割以上伸びている事実があり、事業は成長し続けている。ファーガソンが監督として強いチームを実現したように、チームが強くなり勝ち続けさえすれば、ファンがつき、自然にマーケットが創出され、収益価値を生み出し続けられる循環ができているのだろうか？　それとも、我々が全く知らない何か秘策があるのだろうか？

幸いなことに、クラブは２０１２年８月にニューヨーク証券取引所にＩＰＯ（株式上場）を果たしたため、決算書をはじめとする重要な経営情報がアニュアルレポートにて公開されている。このアニュアルレポートを基に、世界ナンバーワンのプロスポーツ・クラブであるマンチェスター・ユナイテッドについて、経営的な観点で分析をしてみたい。

□ ライバルはディズニー!?

マンチェスター・ユナイテッドの成功は歴代の選手やチームカラーによって蓄積されてきたブランドの価値と試合での強さに依存する。クラブの事業報告であるアニュアルレポートの冒頭からブランド価値について言及しており、クラブの資産として、または収益の源泉として、ブランド価値を育て大事にしていこうとするクラブとしての高い意識が見受けられる。では、クラブのブランド価値とは何だろうか？

スター選手の超一流のプレーを披露する〝劇場〟ともいえるスタジアムで繰り広げられる手に汗を握る試合展開がファン、サポーターの悲喜こもごもを生み、それらに対する人々の記憶が語り継がれ、チームの歴史や伝統などが重なり合って、チームのブランド価値となっていく。では、それをどのようにして収益に結びつけていくのであろうか？　アジア部門責任者であるジェイミー・リーグルは、日本のメディアの取材に対し、経営において参考にしているのはディズニーであると答えており、実際のチーム運営をエンターテイメント事業として意識した新機軸を次々と打ち出し、成功してきている。スポーツはエンターテイメント事業である。そのように考えた時に、どのような戦略が事業運営上、考えられるか？　事業運営を行う場合、経費をコントロールし、収益を最大化することが基本であるが、そのために、マンチェスター・ユナイテッドが行っている主な取組みは大きく分けて、次の３つにまとめることができる。

(1)　儲かる仕組み（収益の柱を育て、そのために投資）

(2)　魅力的なスタジアム（観客が劇場と同様の感覚で楽しめるように投資）

(3)　コストコントロール（特に、選手の年俸・移籍などの人件費が重要）

これらを的確に実行するために、マンチェスター・ユナイテッドは、スター選手揃いのチームと同様、超一流のマネジメント・チームを作り上げようとしている。それは、いわゆる米国的ビジネス・スタイルの実践者がクラブの重要な役職についていることからも、それが見て取れる。２００５年に入社してクラブの成長戦略立案を担当し、２００７年より、コマーシャルとメディアの統括責任者、２０１３年7月よりクラブの執行責任者についたエドワード・ウッドワード（役職はエクゼクティブ・バイス・チェアマン兼ディレクターのまま）は公認会計士であり、投資銀行出身である。前述のアジア部門責任者のジェイミー・リーグルは、スタンフォード大学のＭＢＡを持ち、プライベートエクイティや投資銀行をバックグラウンドに持っている。

□　儲かる仕組み①　収益の柱を確立！

マンチェスター・ユナイテッドの収益の柱は大きく分けて3つに分類される。まずは多くのプロスポーツ・ビジネスの収益の柱である入場料収入（ホームゲームなどの試合に関するもの）である。2つめは放映権収入であり、TVやラジオの放映権のほか、現在ではインターネットやモバイルへの配信料などが含まれる。3つめは、スポンサーからの収入やグッズなどの商品化によるコマーシャル収入であり、その中には、スタジアム関連の看板広告などの収入も含まれる。

マンチェスター・ユナイテッドの特徴は、これら3つの収入が全て大きな収益の柱となっており、かつ、それらが高次元で良いバランスを保っていることが挙げられる。マンチェスター・ユナイテッドの2013年の総収入は、合計約3億6300万ポンド（1ポンド150円換算で約544億円）となっており、入場料収入、放映権収入、そして、コマーシャル収入のそれぞれ全てが1億ポンド（約150億円）を超えている。

入場料収入には、入場チケットに加え、プログラム、飲食、グッズなどの販売、そして駐車場などの当日の運営に係る収入や、メンバーシップ、ツアー旅行、ミュージアムなどの収入、アウェイゲームのチケット収入の一部取り分も含まれる。マンチェスター・ユナイテッドの入場料収入は、２０１２年と比較して約１割増加しており、ロンドン・オリンピックの開催もその増加に寄与している。

　放映権収入が経営に与える影響は大きく、プロスポーツ企業ランキングの上位でテレビ放映権が少ないことは、まずあり得ない。マンチェスター・ユナイテッドにおいては、プレミアリーグやＵＥＦＡチャンピオンリーグの放送から多額の配分を受けると共に、独自のＴＶチャンネルであるＭＵＴＶを通じて、80カ国に配信することで更に収益を拡大している。ＭＵＴＶは、実現はしなかったもののマンチェスター・ユナイテッドを買収する話もあったSky社の子会社とのジョイントベンチャーとして発足され、現在は、マンチェスター・ユナイテッドの１００％子会社として、戦略的に放送事業を推し進めている。

　コマーシャル収入の過半を占め、大きな比重を持つのがスポンサー収入であり、２０１３年は約９０９０万ポンドもの収入（コマーシャル収入全体の59・６％）を記録した。

マンチェスター・ユナイテッドの収益構造（１￡＝150円で計算）

コマーシャル： スポンサー・商品ライセンス収入	152.4百万￡（約228億円）
放映権収入	101.6百万￡（約152億円）
マッチデー： 入場チケット、スタジアムでの飲食収入等	109.1百万￡（約164億円）
合　計	363.1百万￡（約544億円）

□ 儲かる仕組み② コマーシャル収入およびグローバル展開の強化

コマーシャル収入は、今や、どのプロスポーツ・クラブにとっても欠かせないものであり、その成否がクラブの業績を分けている。そして、コマーシャル収入の中で、最も重要なものがスポンサー収入である。マンチェスター・ユナイテッドは、２０１２年７月に新たなユニフォーム・スポンサーとしてＧＭ（シボレー）と、２０２１年までとなる総額５億５９００万ドル（約５５９億円）の大型の契約を締結しており、長期に安定した収益源を新たに確保した。これはイタリアのユベントス（ユベントスについては後述する）やＪリーグのトップチームなどの契約と比較してもひと桁上の破格の金額であり、チームの人気もさることながら、したたかなビジネス交渉の積み重ねの結果といえよう。

また、スポンサーシップ獲得のために専任チームを作り、マーケティング戦略を推進している。今後の重点マーケティングエリアであるアジアのためにすでに香港に事務所を開設しているほか、２０１２年にニューヨーク上場を実現し、米国企業にも利用価値のあるブランドになったため、さらに北米にも事務所の開設を予定しているようだ。その効果もあり、スポンサーの顔ぶれはグローバル化を目論む各国の企業など多彩になってきている。日本からはカゴメ、万田（栄養補助食品メーカー）などがスポンサーに名乗りを上げたばかりである。

ただし、お金さえ出せばマンチェスター・ユナイテッドのスポンサーになれるわけではない。条件としては、スポンサーシップによる相乗効果が見込め、マンチェスター・ユナイテッドと統合的にマーケティングを目指せることを挙げている。つまり、チームの持つ戦略イメージとマッチするスポンサーで、共通するイメージを持ち、マーケットで連携可能な企業ということになる。ちなみに、マンチェスター・ユナイテッドの戦略イメージは、「挑戦・革新・反逆」とされており、このイメージに合った会社を自ら探し、交渉する一方で、それらの表現に企業イメージが合致するスポンサーやライセンシーが賛同し、自然に集まってくることもあるであろう。

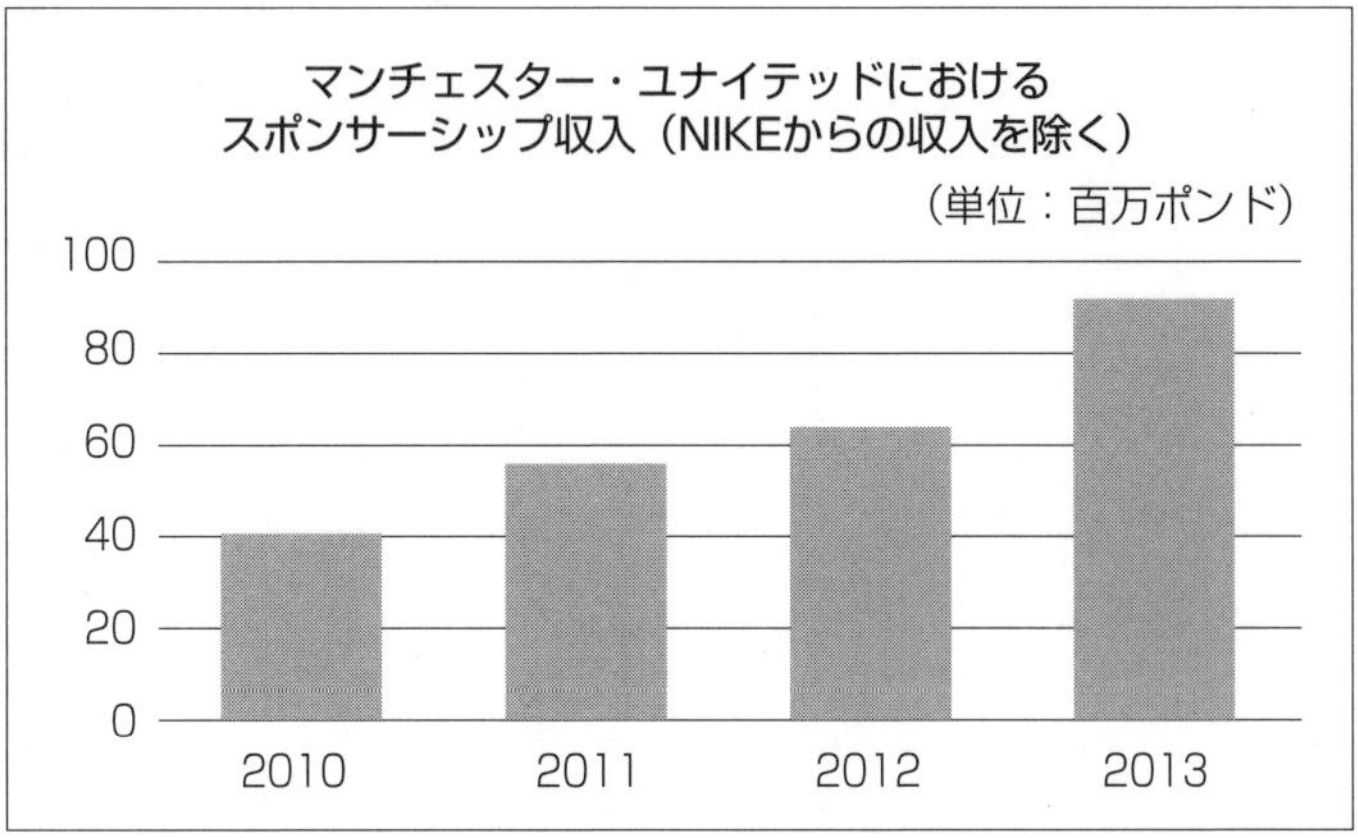

マンチェスター・ユナイテッドにおける
スポンサーシップ収入（NIKEからの収入を除く）

□ 儲かる仕組み③　カテゴリーアプローチを採用してスポンサーを獲得

マンチェスター・ユナイテッドは、ブランド・イメージにマイナスになる企業やビジネスの相乗効果が見えない企業はたとえ資金力があってもスポンサーとして相応しくないと考え、受け入れないという強い意思がある。このことはプロスポーツ・ビジネスを展開する企業がブランド力を維持・向上させるためには必要不可欠なことといえる。

マンチェスター・ユナイテッドは、「カテゴリーアプローチ」を採用しており、地理・プロダクトごとにカテゴリーに分けて、スポンサーシップの獲得、ライセンスの許諾などを推進している（次ページの図表参照）。つまり、カテゴリーごとに独占的な権利を提供することでスポンサー同士、ライセンシー同士が競合せず、ビジネス連携をしやすい経営環境を自らが主体となって整えているのだ。

同時に、未開拓のカテゴリーはマンチェスター・ユナイテッドにとって新たなスポンサー獲得のフロンティアであり、まだまだスポンサーシップ獲得の余地が大きいことが見て取れる。

マンチェスター・ユナイテッドの主なグローバルとリージョナル・スポンサー
（2013／7／1現在）…アニュアルレポートより作成

カテゴリー	グローバル・スポンサー	リージョナル・スポンサー			
		日本	中国	タイ	インドネシア
航空	アエロフロート				
シャツ、トレーニングキット、トレーニング施設、ツアー	AON				
自動車	シボレー（GM）				
輸送	DHL				
オフィス用品	エプソン				
塗料	関西ペイント				
ビール	シンハービール				
旅行	トーマスクック				
医療機器	東芝メディカルシステムズ				
船舶エンジン	ヤンマー				
ソーシャルゲーム		Gloops			
モーターバイク				ホンダ	
飲料（ソフトドリンク）		カゴメ	Wahaha		
タイヤ					Multistrada

□ 儲かる仕組み④　マーチャンダイズと世界展開

マンチェスター・ユナイテッドは、グッズや、アパレル商品のライセンス収入の強化にも力を入れている。リーグ本部が権利を統括しているＮＦＬやＭＬＢなどの米国のプロスポーツと違い、マンチェスター・ユナイテッドは、商品化のための権利を確保し、１２０カ国、２００社を超えるライセンシーと直接、交渉を行い、契約を締結しているようだ。このやり方は、ディズニーをはじめ、ポケモンやキティといったブランドビジネスをグローバル展開している企業と遜色のない取組みといえる。

具体的には、ＮＩＫＥと13年もの長期契約を結び、共同でアパレル商品やグッズのマーチャンダイズやリテールにおいても世界戦略を進めている。ホームスタジアムにあるフラッグシップ・ショップのほかに、シンガポール、マカオ、タイ、インドにもＮＩＫＥが運営するショップが開設されており、２０１２年には、世界中で２００万枚のレプリカユニフォームを含む５００万アイテムのアパレル商品が販売された。

Ｅコマースやモバイル関連も強化中であり、抜かりがない。ホームページは、英語、スペイン語、フランス語、アラビア語、中国語、韓国語、日本語等の各国版がすでに用意され、月間平均、６００万ユニークユーザー・６３００万ページビューを獲得している。

Ｅコマース・モバイル関連の売上は、２０１３年において約２３００万ポンド（約34億５０００万円）となっており、その内訳には、モバイルによるビデオ視聴（ビデオオンデマンド）、ゲーム・ハイライト配信、クラブニュース、チームの裏側（behind the scene）などファンにとっては魅力的なコンテンツが揃っている。そして、クラブのソーシャル・メディアには、すでに６億５９００万人のフォロワーがいるとされる。これらの顧客基盤を基に、さまざまなＣＲＭ（Customer Relationship Management：情報システムを活用し、顧客の属性や購買・閲覧履歴などを管理する方法）を仕掛けることでさらなる収益の増加にチャレンジしており、試合結果は即座に配信され、試合以外の選手の様子を見ることもできる。それらの情報はリアルタイムにツイートされ、シェアされていき、ファンの気持ちをさらに盛り上げてくれる。

今後、３年間で５００万から８００万ポンドの投資をＥコマース・モバイル関連のために状況を見ながら行う予定のようだ。顧客のデータベース化が進めば、顧客ごとにきめ細かい情報提供サービスやマーケティング活動を実行できるようになり、顧客満足度を上げることで、収益性をより高めることができるはずである。

□ 儲かる仕組み⑤　現オーナーからも高い評価を受けたブランド力！

最強のプロサッカー・チームとしてのマンチェスター・ユナイテッドの高いブランド価値は、決算書では「のれん（グッドウィル）」と呼ばれる資産価値に表されている。のれんとは、買収の際の決算書上の資産の時価評価額に対して買収価額が超過している差額部分のことであり、現オーナーのグレイザー一族がクラブを買収した際に計上されており、その額は約６３０億円と資産勘定の中で一番大きな額となっている。その中には、目に見えないノウハウやブランド、顧客関係、従業員スキル、さらにはクラブ創設からの輝かしい歴史・伝統、今後の豊富な収入などに対する期待も含まれている。つまり、１８７８年（明治11年）に設立されたこの世界的に有名なクラブチームは文句ない名門であり、その長い歴史から生み出される伝統や、ウェイン・ルーニーや香川などの母国を代表するスタープレーヤーを活用したＣＭ、グッズ、イベントなどグローバルに稼ぎ出すさまざまな収入に対する期待である。

　ちなみに、現会長でありオーナーの１人でもあるジョエル・グレーザーはクラブを取得する前から熱烈なファンだったとも噂されるが、単なるファンとしてではなく、卓越した資本家としての嗅覚から、このブランドには類い稀な価値があると考えたからこそビジネスとして大型買収に踏み切ったと想定できる。

さて、目に見えないブランド価値を測る手段は幾つかあり、決算書上の「のれん（グッドウィル）」が必ずしも唯一の尺度ではないが、いずれにせよ、プロスポーツ・ビジネスとしての強さや人気が、この高いブランド価値に反映されていることは間違いない。

なお、日本の会計基準では、「のれん（グッドウィル）」は20年で償却されるが、マンチェスター・ユナイテッドが採用しているＩＦＲＳ（国際会計基準）では、毎期の償却は求められていない。そのため、決算書上の財務負担なく買収から8年たった今も全額が資産として計上されている。

このように、ＩＦＲＳでは、毎期の償却は求められていないが、その価値が減少していないか毎年確認し、もし価値低減の兆候が認められた場合は、資産が減少したものとして減損処理（評価減のようなもの）が必要となり、その分、その年の費用が増し、業績を圧迫することになる。その意味で、ブランド価値の維持・向上を続けることは、のれんの資産としての計上を継続し、将来的にも財務リスクを回避することにも繋がるため、マンチェスター・ユナイテッドのマネジメント陣にとって、収益向上は必須の経営課題といえる。

□ 魅力的なスタジアム①　自前のスタジアムが収益力を強化！

マンチェスター・ユナイテッドの決算書を見ると、前述の「のれん（グッドウィル）」に次いで大きく表れている資産は、別名〝シアター・オブ・ドリームズ〟とも呼ばれるオールド・トラフォード・スタジアムである。７万５７６６人の観客を収容できるこのスタジアムは、マンチェスター・ユナイテッドが自前で保持し、１９９７年以降、プレミアリーグの試合の入場率は99％という驚くべき高さを誇っている。オールド・トラフォードでは、プレミアリーグの試合のほかに、オリンピックやラグビーなどサッカー以外のスポーツイベントや音楽コンサートなどのエンターテイメント・イベントも開催しており、ブランド価値を保持しつつ年間を通じて売上を増やす工夫がなされている。

また、スタジアム自体の収益性を高める工夫も見逃せない。集客を工夫したシート構成の変更（飲食可能なボックス席の改善）や、プレミアムシートの導入などファン、観戦者の満足度を高める施策などを次々に打ち出すと同時に、チケット・オプションの変更や追加を可能にするなど、収益性を高める改良を行った。結果として、２００５年のグレイザー一族によるクラブ買収後に、チケットの平均価格は、２００６年から2013年までの７年間の間に、年平均５％の増加率となっている。チケットの値段が高くとも、試合に足を運びたいという状況を生み出しているといえ、その意味でもビジネスは順調といえる。

さらに、ラグジュアリーでホスピタリティの高いシアターやレセプション会場も併設されていることも先進的である。もちろん、記者会見などのクラブのオフィシャル・イベントも実施するが、外部に公開して各種の企業イベントやパーティを開催できるようにもなっている。個人や企業のイベント担当者は、会場のキャパシティやセッティングイメージをクラブのホームページで検索できるようになっている。

ちなみに、自前のスタジアムから利益を生み出す方法としては命名権（ネーミング・ライツ）の販売がある。ロンドンのアーセナルは、スタジアムのネーミング・ライツ権販売によって巨額の収入を得ているが、マンチェスター・ユナイテッドに関しては、この権利の販売を誰にもしていない。あくまで推測だが、現在、他の収益源が好調であることに加え、〝シアター・オブ・ドリームズ〟と称されるその歴史的背景やブランド価値を考えると、ネーミング・ライツの販売金額だけでなく、販売によって得られるマーケティング上の相乗効果が相当見込まれるか、もしくは相当の理由がない限り、ネーミング・ライツの販売に踏み込まないのではないかと考えられる。つまり、マンチェスター・ユナイテッドが実施している他のビジネス展開と同様、収益向上の前にブランド価値の維持向上が常に優先されているのではないかと考えられる。

□ 魅力的なスタジアム② 設備の良さもビジネス上の強さの源泉

フォーブスのプロスポーツ企業価値ランキングの1位、2位を争うマンチェスター・ユナイテッドとレアル・マドリードにはビジネス戦略上の共通項が、スタジアムを中心に1つのテーマパークと位置付けている点にある。ディズニーをそのパイオニアとして意識し、かつライバルと位置付けるクラブチームならではのビジネス展開といえよう。

マンチェスター・ユナイテッドは、スタジアムに併設する「メガストア」に数十万強のアイテムを揃え、ポップなカジュアルレストラン「レッド・カフェ」など、15のレストランと4つのスポーツバーを併設している。さらに、チームの半数を失った航空機事故「ミュンヘンの悲劇」の追憶をメインテーマにした「ミュージアム」は、単なるサッカーの試合をする場としての位置付けを凌駕し、ファンのイマジネーションを高める効果がある。このミュージアムへの来場者は2013年において35万5000人を記録した。

一方のレアル・マドリードの専用スタジアムであるサンティアゴ・ベルナベウは、さらに巨大な8万5000人を収容する施設を擁している。こちらもショップにミュージアムやカフェ、さらに、ショッピングセンターも併設され、試合のない日でも観光ツアーや人々が押し寄せる。そして、2012年3月、オールド・トラフォードの取組みをも圧倒する、新たなテーマパーク・リゾート構想を発表した。これは、ＵＡＥにレアル・マドリードというブランドを核にした一大テーマ・パークを造るというものである。５つ星ホテルや遊園地、練習場やプール、スタジアムを備えた施設であり、10億ドル（約１０００億円）が投じられるそうである。バブルでの痛い目に会った経験を持つ日本人としては「やりすぎ」の感がないではない。計画は今のところ進んでいないようだが、今後のさまざまな動きに注目したい。

　いずれにしても、マンチェスター・ユナイテッドもさらなる新施策の投入が十分ありうるので、今後の諸施策の発表が楽しみであると共に、わが国のプロスポーツ・ビジネスにおいても参考になる動きとして注視したい。

所有クラブ	マンチェスター・ユナイテッド	レアル・マドリード
スタジアム名	オールド・トラフォード 別名：シアター・オブ・ドリームズ（夢の劇場）	サンティアゴ・ベルナベウ
収容人数	75,766人	85,474人
主な併設設備	レストラン・カフェ・ショップ・ミュージアム	レストラン・カフェ・ショップ・ミュージアム
特徴	各種の企業イベント・パーティ等も可能	ＶＩＰゾーンで各種パーティ等も可能

□ コストコントロール① 選手の資産価値は移籍金が決める?

チームが勝てなければ、ファンからは「高い移籍金を払ってでも良い選手を連れて来るべき」という声が上がる。移籍金とは契約期間の残る選手を他チームから獲得する場合に、そのチームに対して「違約金」的な性格で支払われるもので、サッカー界に独特の商慣習といえる。この移籍金を支払ったチームは、これを一旦、決算書で「資産」に計上し、契約年数に応じて費用化、つまり償却していく。したがって、経営上はこれも人件費の一部とみなされる。ただ、移籍金は、巨額に上る場合もあり、選手の高額年俸がクラブの経営を悪化させかねないので十分留意が必要である。実際、セリエＡの名門ＡＣミランは、高額な移籍金でスター選手を集め続け、その代償として経営危機に陥った過去がある。

マンチェスター・ユナイテッドは、２０１２年に、日本代表の香川や、オランダ代表で、プレミアリーグ２年連続得点王のロビン・ファン・ペルシーを獲得し大型補強を行った。２人の移籍金は約４６００万ユーロともいわれているが、その一方で、40歳になった今も現役を続けるライアン・ギグスのように生え抜きの選手や移籍金を払わずに獲得した選手、育成機関からそのままトップチームに昇格した選手も少なくない。移籍金が発生していない選手は決算書上に〝資産〟として表れることはないが、選手としての価値はもちろん、チーム財政への貢献という意味での価値も高い。

ちなみに、マンチェスター・ユナイテッドにおいて、最も大きなお金が動いた移籍劇は2009年にレアル・マドリードへ移籍したクリスティアーノ・ロナウドである。その当時の最高額であったジネディーヌ・ジダンの記録を上回る史上最高額の8000万ポンド（当時の円換算で約90億円）で移籍した。ロナウドが2003年にスポルティング・リスボンからマンチェスター・ユナイテッドに入団した際の移籍金は、5年契約で1224万ポンド（当時の円換算で約24億円）といわれており、レアル・マドリードへの移籍はそれを遥かに上回る巨額の移籍金であった。移籍金に関しては契約年数で償却していくため、獲得時と放出時の差額が収益となるわけではないが、クラブは6年で大変大きな収益を上げたことになる。一方で、クラブの生え抜きの選手の場合、人的価値が高いことは疑う余地がないバルセロナのリオネル・メッシであってもクラブの下部組織の出身であるため、移籍金支払いが発生していないのである。

このように移籍金は選手の資産価値を表す1つの尺度といえる。しかし、個々の選手の才能だけではなく、所属チームのブランドそのものや、勝つためのチーム編成の中での選手の位置付けが、選手の実積やスター性を高め、移籍金以上に資産価値を押し上げる効果もある。選手とチームの良好な関係が、お互いの利益に繋がる。

□ コストコントロール②　選手をクラブ資産としてポートフォリオ管理

移籍がチームと選手にとって全ての面で良好な結果をもたらすとは限らない。高い移籍金を払って獲得したものの期待どおりの活躍とならず、払った移籍金に満たない額の移籍金で放出した場合は損失が発生する。１人の選手の移籍劇だけを見てみるとその選手が活躍するかしないか、賭けの要素が強くなるのかもしれない。しかしながら、失敗する移籍もありうるという前提も含め、複数の選手で考え、チームの戦略と現在の成績だけではなく、いわば投資ポートフォリオを組むかのように、実際に得られるであろうクラブの収入とのバランスを見ながらいくら投資したら良いのかを複数のシナリオをシュミレーションしながら交渉に臨み、ビジネスとして判断するのである。

マンチェスター・ユナイテッドでは、クリスティアーノ・ロナウド放出で大金を手にした以降の２００９年から２０１２年についても継続して利益を上げている。このことからも、マンチェスター・ユナイテッドにおいて選手の獲得や放出に当たっては、特定の選手だけに依存しない総合的なチーム強化の構想を重視して、収入と費用のバランスを精緻に取りながら、交渉に望んでいると想定される。

本表は、過去15年のマンチェスター・ユナイテッドの選手移籍に係る正味資本支出の金額のグラフであるが、もちろん、ロナウドの移籍があった２００９年は、収入のほうが大きいため、マイナスとなっている。

マンチェスター・ユナイテッドにおける
過去15年の選手移籍に係る正味資本支出

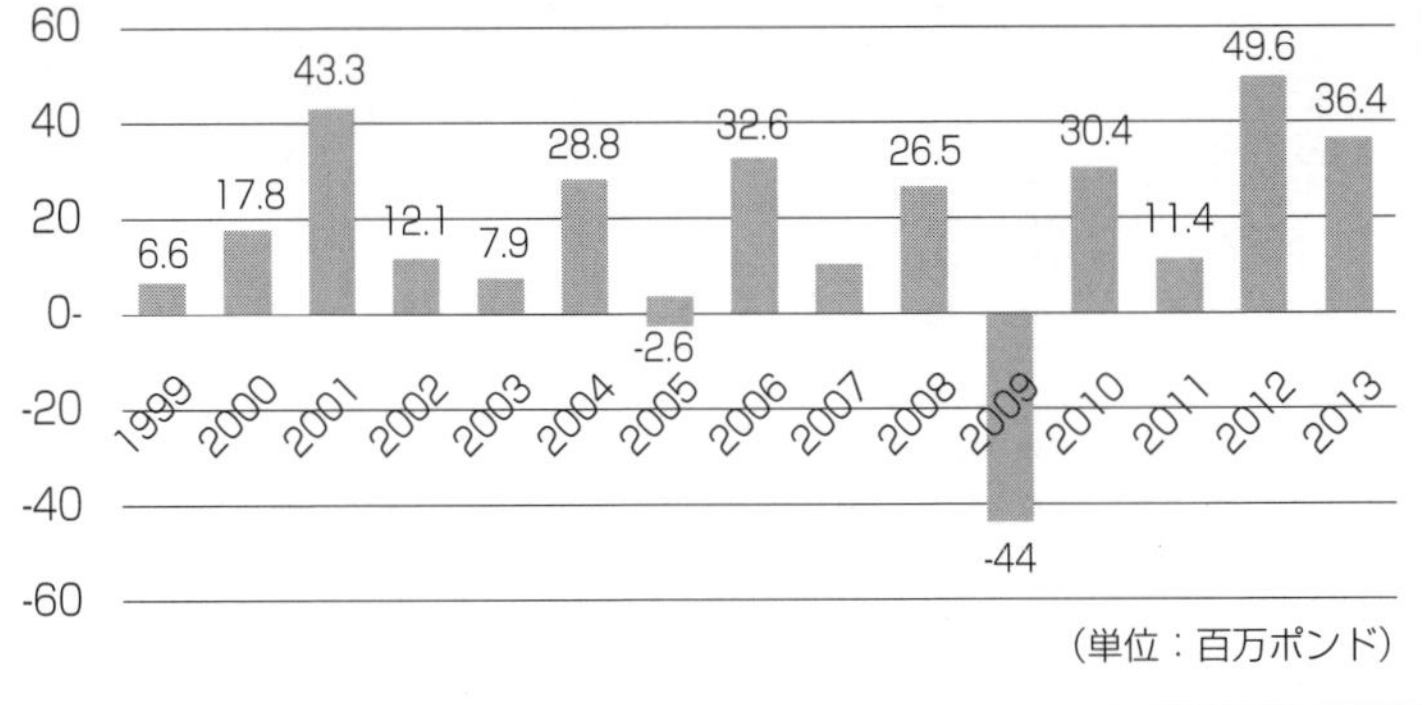

□ コストコントロール③　高騰する移籍金と青田買い問題

かつて欧州サッカー界では、選手の保有権をクラブが保有し、契約満了後も選手の移籍に対して移籍金を主張することが慣行となっていた。選手の育成をクラブが一手に引き受けていた事情があり、クラブは移籍金によって育成費の回収を行ってきたのである。しかしながら、選手にとっては契約満了後の移籍に関しても元のクラブの意向に左右されるのは、労働の自由の権利に反する。この主張をした選手の名前からボスマン判決と呼ばれる、後のサッカー界の移籍制度に劇的な変化をもたらす判決が出された。この判決を契機にＥＵ域内では契約満了後は違約金なしで移籍できることとなった。

これによってクラブは防御策として有力選手と複数年契約を結び、パフォーマンスを上げている選手に対しては、早期に契約の延長を結ぶようになった。しかし、その結果として、一部の人気選手の年俸を押し上げ、90年代以降のメディア放映権マネーの流入と相まって、契約違約金としての移籍金が高騰していった。

もちろん、契約満了を待って移籍するケースもある。ＣＳＫＡモスクワからＡＣミランに移籍した本田圭介の例が記憶に新しい。本人も移籍を希望しており、契約満了まで６か月を切っていた彼に対して出された移籍金約４億５０００万円ともいわれるオファーをＣ

ＳＫＡモスクワは拒否していたが、最終的に本田は契約満了を待って２０１４年１月にＡＣミランと契約し入団した。

　１９９５年12月のボスマン判決により、自国の有望選手の年俸・移籍金が高騰したため、欧州のクラブのスカウトが目を付けたのが、南米・アフリカなどの若手選手である。プロ契約をしていないブレイク前の選手が、移籍金が発生しないこともあり目を付けられて集められるようになった。いわゆる青田買いである。選手として才能が開花すればよいが、そうでない場合、サッカー以外のことに対する教育も不十分なまま世間に放り出されることになってしまう。十分にケアのないままの青田買いは、人身売買とも批判されヨーロッパ全体の社会問題にもなった。必要なことは、サッカー面の育成だけでなく、十分な教育やメンタル面でのサポートである。アスリートとしては超一級のポテンシャルを持っていても、親元を離れ外国で生活する１人の若者であることを忘れてはならない。ＦＩＦＡおよびＵＥＦＡは、こうした課題に対応するため、２００１年以降、若年層の移籍に関する全面的な規程の見直しと整備に乗り出している。

　クラブ側の対応策としては後述するが、育成機関の充実と、チーム事情に応じて才能を見出す組織的な選手獲得戦略を駆使することが重要になる。

□ コストコントロール④　人材育成に知恵を絞れ

マンチェスター・ユナイテッドやアーセナル、ウェストハム・ユナイテッド、オランダのアヤックス、ドイツのボルシア・ドルトムント、ポルトガルのスポルティング・リスボンなど、育成および若手選手の輩出に定評があるクラブは数多い。日本でもセレッソ大阪などが挙げられる。

これらのクラブのように下部組織を育成機関として充実させることは、前述の移籍金の高騰や青田買い問題に対する対応策の１つにもなる。下部組織で育成した選手が自クラブのトップチームに上がった場合、当然、移籍金は発生しない。逆に、トッププレーヤーに成長したのち、他クラブに売却すれば相応の移籍金を手に入れられる可能性がある。また、選手への教育もサッカー以外の生活、教養、マナーなどについて合わせてケアすることで、青田買いによる人格形成などの社会的問題を解決する取組みが同時に実現できるはずである。育成機関を才能ある選手の発掘に役立てると共に、トップチームのブランド力を最大限活用し、グローバルに展開することで優良な収益事業として運営できる。また、育成事業は収益向上のみならず、スクールで学んだキッズやジュニアが将来の熱烈なサポーターとなるであろうし、そのエリアでのブランドのさらなる強化につながる。

すでにマンチェスター・ユナイテッドは、中東や東南アジアそして日本でも、キッズやジュニアを対象にサマーキャンプと称して育成スクールを開始している。このほか、バルセロナやドルトムント、チェルシーなど、多くのトップクラブがサッカースクールを日本でも開講しており、本国での指導経験者やヨーロッパへの遠征などの付加価値から高い人気を博している。注目されつつある日本人の才能の発掘・早期確保という側面もあるだろうが、欧州のトップクラブの持つブランド力を持って、育成ビジネスを収益の柱としてグローバルに展開する一環だろう。日本のクラブも、そうした世界のクラブと育成分野においても競争していくことを意識して戦略を立案する必要がある。また、選手獲得を含めたアジアへの展開で日本としての先進的な動きをするクラブも出始めているので今後注目したい。

そして、アーセナルは、先日、ＰＦＩ（プロジェクト・ファイナンス・イニシアチブ）を活用して既存の公共設備でのサッカースクールの開講を発表したばかりだ。ＰＦＩとは、民間の資金・経営能力等を活用して、公共施設等を活用していく手法のことで、既存の公共施設の活用方法の1つであり、自前の設備を持たずに低コストで育成事業を運営する施策といえ、日本のクラブでも活用を模索してみるべきである。

□ コストコントロール⑤　人材獲得に知恵を絞れ

優勝する可能性を高めるために移籍金を積み増しすると、各クラブにとってお互いに金額を釣り上げる結果となり、移籍金の高騰が経営問題に発展するため、金銭以外の勝負、つまり選手獲得のための知恵がどうしても必要になってくる。

そのような中で、同じプレミアリーグに所属するアーセナルは、日本でもお馴染みのアーセン・ベンゲル監督が率いているが、このクラブは、若くて才能がある選手を下部組織から育成・昇格させるか、安く獲得し育てることで定評がある。そして、チーム構想を勘案して時期を見て、育った選手をほかのクラブに高い金額で移籍させて大きな収益を上げていることでも知られている。

マンチェスター・ユナイテッドやアーセナルのように、世界での活躍を目指すクラブと、1つの国や地方のクラブとしてチーム強化を目指すクラブとしては、自ずと目標とするゴールや取りうる戦略は異なるが、いずれにしても、これからは長期的な計画に基づいた組織的な選手獲得の戦略策定とその実行力を強化することが試される時代にきている。

すなわち、チームの戦略と強化の方針を量的、質的に定め、今後必要とする選手をピックアップしておくことが重要であり、どのような特徴を持つ選手を探すべきなのか、マーケットに出ている選手、あるいはこれから出そうな選手が買いなのかどうか組織的に判断できる必要がある。また、常にそういった選手の市場における価値（年俸や移籍金）を数値化するノウハウをクラブ経営として蓄積し、データベース化しておくことで、市場に出てきた際に、他のクラブに先駆けすかさず買いを入れることも可能になる。常に選手をリサーチできる体制を整え、獲得の判断を誤ることがないようにしたい。

　さらにそれが進化すると、他のチームではまだ目をつけていない選手や、他のチームでは低い評価を受けている選手に目をつけて活用するなど、いわば、映画でも有名になった「マネーボール」の主人公として描かれたビリー・ビーンがＭＬＢのアスレチックスで実現した選手評価手法のさらなるイノベーションが行われていくことになる。

　逆に、その流れに取り残されたチームは淘汰の波に晒される。なぜなら、クラブ経営に大きな影響を及ぼす新しいルールとして後述する「フィナンシャル・フェア・プレー」が採用され、人件費や移籍金の拠出に一定の制約が課せられることになったからである。クラブを運営するマネジメントとしては、限られた金額の中でいかに良い選手を集められるかが鍵となるし、下部組織を育成機関として充実させると共に、世界中からお買い得な選手を発掘してくるノウハウを磨くことが今後はかなり重要となる。

□ 先行事例に習う（赤字を断じる欧州フィナンシャル・フェア・プレー）

選手の年俸や移籍金が余りにも高騰しているものの、勝つためには赤字覚悟で選手補強するクラブが後を断たず、多くのクラブ経営が逼迫し、存続の危機にあるクラブが多い反省から、ＵＥＦＡは、２０１０年にフィナンシャル・フェア・プレー規則を採択した。

この新ルールは、本業で得た収入以上の支出は許されない仕組み（ブレーク・イーブン・ルール）である。クラブ本来の活動により得たお金だけがルール上「収入」として見なされ、その範囲内で費用を使うことが許される一方で、ルール上「支出」にカウントされない項目もあり、スタジアムの建設・改築の支出や若手育成のための設備投資などが該当する。これらはむしろ推奨されるというコンセプトと推測でき、クラブ運営をビジネスとして展開して欲しいとする流れへの積極的な方針であることが伺える。

このように、ＵＥＦＡは選手の年俸や移籍金の高騰に対して、強い危機意識、問題意識を持っていたことがわかる。このルールを守れないクラブは、罰金のほか、ＵＥＦＡ主催の大会の賞金保留、出場禁止などの制裁を受けることになり、経営上相当のダメージになる。オーナーが優良企業や大富豪であっても、クラブの損失を補てんできなくなるので、対応に苦慮するクラブも多く、今後どのように対処していくか注目される。

しかし、マンチェスター・ユナイテッドなどのマネジメント力があるクラブにおいては、もともと厳格な自主ルールの下、このルールとほぼ同等のクラブ運営がなされており、むしろ、これから新ルールに対応するクラブが多いと想定される欧州において、新しい制度は、金銭面においてさらなる競争優位をマンチェスター・ユナイテッド等にもたらす可能性もある。というのも収益力があれば、赤字を出さずに十分なコスト負担能力もあるため、このルールの下で多額の人件費をかけて、人材獲得をできる可能性があるからだ。

いずれにせよ、このルールは、積極的な設備投資をしたうえで、支出のコントロールを適切に行いながら、収益向上を目指しそのバランスを適切に取るという、通常のビジネスとして基本中の基本を求めるものであり、その意味でも改めてサッカークラブの運営は真のプロスポーツ・ビジネスとして進化することを期待するルールといえる。ルールの適応状況の査定自体は、すでに開始され、実際のルール適用も開始し、２０１３／１４シーズンは、９クラブの処分を発表した。特に、マンチェスター・シティとパリ・サンジェルマンに対しては６０００万ユーロ（約83億円）の巨額罰金をはじめ、来期の登録選手枠や年俸総額に制限を課すなど厳正に処分され、当ルールへのＵＥＦＡの本気度を示した。

日本においても、プロスポーツ・ビジネスを継続していくためには、フィナンシャル・フェア・プレーのような健全な経営を励行することは同じく不可欠であるはずだ。

□ イングランドサッカーの転機となった〝ユーロ96〟

１９８０年代、イングランドサッカー界は疲弊していた。立ち見席中心で古く傷んだスタジアム設備、「フーリガン」による暴力行為、スタジアムでの頻繁なボヤ騒ぎなど、女性や家族連れが安心して観戦できる状態とは程遠かった。

そのような中で幾つかの悲劇的な大事故が発生した。１９８５年、ベルギーのヘイゼル・スタジアムにて開催されていたＦＡカップ準決勝（リバプール対ユベントス）で、試合前のサポーター同士の衝突がきっかけとなり死者39名負傷者５００名以上の被害者を出した。この事故は「ヘイゼルの悲劇」と呼ばれるが、その対応としてＵＥＦＡは、イングランド全クラブに対し、ヨーロッパにおける主催大会からの無期限追放を宣言した。その後、イングランドのクラブは5年間の国際試合の出場禁止となった。４年後の１９８９年、今度はヒルズボロで、世界のスポーツ史上最悪ともいわれる事故が起きた。「ヒルズボロの悲劇」と呼ばれ、死者96名負傷者７６６名を出した。当初フーリガンが原因とされていたが、その後の調査でスタジアムの整備および運営上の不備が原因と判明した。このことは政府・世論を巻き込んだ大論争を呼び、これを機に全ての観客席を立ち見から椅子席へとすることが義務付けられ、これをきっかけに各クラブは大幅なスタジアムの改修を余儀なくされた。そのためには、巨額の資金調達が必要となり、金融機関などからの融資に対する元利金返済のため、適切に収益を上げていく必要が生じた。それらを契機に、当時巨額になり始めていたＴＶ放映権の分配をめぐって実力、人気のあるクラブが不満を持ち、結果として当時のリーグを離脱し、現在のプレミアリーグを別に発足させ、適正な放映料を自ら獲得していった。さらに、資金調達を主な目的として数多くのクラブがＩＰＯ（株式上場）を実現していった時期でもある。

　イングランドサッカー界は、最悪の状態を脱し、スタジアムの改修・新設、十分なフーリガン対策、そして各種運営方法の改善などを通じて、大きく生まれ変わったことを世界に示す必要があった。そして、１９９６年にイングランドで開催されたサッカー欧州選手権（ユーロ96）がその転機となった。試合は、事故のあったシェフィールドのヒルズボロ・スタジアムでも開催され、快適で安全な施設に生まれ変わったことを証明した。関係者の間では二度と同じ失態は繰り返さないという張り詰めた空気の中で安全上の警備がなされ、幾つかの小競り合いがあったものの大会は成功裡に終わった。イングランドが威信をかけて誘致し、イングランドサッカーの復活をアピールできたことは、再び世界の檜舞台に出るうえで大きな意義のある、ターニングポイントとなる大会となった。その後、プレミアリーグの地位は向上し、今まさに体現している世界的なリーグへと発展していった。

□ チーム作りは監督次第（難しいスター軍団のマネジメント）

27年間、監督として君臨したファーガソンが２０１３年7月に惜しまれながら退任した。その後、エバートンなどで監督経験があるデイヴィッド・モイーズが着任した。モイーズは、過去3度も年間最優秀監督に選出された実力者ではあったが、マンチェスター・ユナイテッドでの成績は振るわず、２０１４年4月にクラブはモイーズ監督の退任を発表した。わずか10か月での監督交代劇は驚きではあったが、成績不振からマスコミやファンに酷評されていたので当然と見る向きもある。また、国内リーグの分配金減少やチャンピオンズリーグの巨額の出場賞金がなくなるため、立て直しを急ぐクラブ側の判断もあるはずだ。

伝説の監督の後任は誰であっても難しい役目であり、特にマンチェスター・ユナイテッドは、各国の代表選手が揃っているスター軍団である。一癖も二癖もあるような選手たちをまとめ上げ、世界最高峰の舞台で結果を出し続けるには、超一級の監督が選手たちの人心をうまく掌握しつつ、大勢のコーチやスタッフを上手く活用し、チーム一丸となって取り組む必要がある。ファーガソン時代は、監督1人にチーム運営全般を任せ、配下に多数の優秀なコーチやスタッフを置き、まさしく組織的なクラブ運営が長期間続いてきた。そして、ファーガソンは、off the pitch のクラブ運営については全く口を挟まないが、on the pitch 、すなわちフィールドでの意思決定については、オーナーであろうと口を出させないというスタンスを貫きフィールドでの全権を掌握していた。まさに、クラブ側と監督（兼ＧＭ）との役割分担が徹底されていたのである。

ところが、モイーズは、クラブの財産ともいえる経験豊富で選手からの人望も厚いコーチ陣の多くを追い払い、旧知の元部下を呼び寄せ、中堅クラブ時代と同様に守備的かつ後ろ向きなチーム戦術を一本調子で行い、散々な結果を招いた。退陣したあるコーチは「自分の操る船がヨットから豪華客船に替わることを理解しているか？」とモイーズを批判しており、中堅クラブとスター軍団のチーム運営が異なることを印象付けた。

モイーズ監督の後任として、まずはコーチ兼任選手でチーム生え抜きのベテランであるライアン・ギグスが暫定指揮を執った。そして、２０１４／１５シーズンからは、多くのビッグクラブの監督を歴任した、現オランダ代表監督のルイス・ファン・ハールが就任する。ギグスは、ファーガソンの薫陶を17歳から20年間以上受けてきた選手であり、現役を引退し、ファン・ハールの下でアシスタント・コーチとなる。

いずれにしてもスター軍団のチーム運営は独特のスキル、組織的な取組みが不可欠であり、マンチェスター・ユナイテッドが今後行うであろうチームの立て直し策はビッグクラブの運営方法として必ず参考になっていくはずなので注目したいところである。

第４章

プロスポーツ・ビジネスにおけるＩＰＯ、Ｍ&Ａ、その他

　ビジネスの世界でＩＰＯやＭ＆Ａは頻繁に展開される。これらは、あくまでもビジネス上の１つの手段にすぎないので、日本のプロスポーツへの実行については本書では特に推奨はしない。それぞれの球団・クラブの運営に当たって、その必要性を見極めて、それぞれのイデオロギーや経営環境に合った場合に選択していくべきである。しかし、欧米のプロスポーツにおいては過去から現在に至るまでＩＰＯ、Ｍ＆Ａ等が実施されてきている事実もあるので、これらをいかに実現してきているかをマンチェスター・ユナイテッドの実例を中心に説明する。

三浦　太／清水　健一郎

□ プレミアリーグの失地回復に活用されたＩＰＯ

前述したように、１９８０年代の英国は、古く傷んだスタジアム、フーリガン問題など、今では全く考えられないような最悪の状態にあり、イングランド・サッカーは全ての面で大きく低迷していた。そのような中、巨額になり始めていたＴＶ放映権の分配をめぐり、トップリーグに所属していた20チームが既存のフットボールリーグから脱退する形で、〝プレミアリーグ〟を新たに発足した。１９９２年のことである。

そして、１９９０年代から２０００年代にかけて、プレミアリーグを核にプロスポーツをめぐる外部環境は大きく変貌した。まず、衛星による放送革命があり、有料で視聴する利用者が急増し、スポーツも放送コンテンツとして評価されるようになり、放映権による収入が爆発的に増加した。その事実は、遠く離れた国でも試合を視聴できるマーケットを創出したため、ファンを世界的な規模で獲得することを可能にした。また、それはグローバルなグッズ販売やスポンサーシップという形の新たな収益源を生み出し、これらの資金は、トップチームで活躍する選手の年俸を押し上げた。また、ワールドカップなどの世界的なイベントは、各国に配信できる数少ない優良コンテンツとなり、それらのトップ選手のＣＭ起用やグッズ販売が拡大し、サッカー界に留まらない世界的なアイコンへと変わっていった。この過程は、プロスポーツがエンターテイメント事業へと変貌を遂げた経緯といってもいいだろう。

　プレミアリーグの発足に先立つこと１９９１年、マンチェスター・ユナイテッドもビジネス化を自ら体現するかのようにロンドン市場にＩＰＯ（株式上場）している。ＩＰＯは、まさに、その瞬間から、クラブがビジネスとして経営されることに関して市場に対して発した宣言のようなものである。なぜなら、ＩＰＯした以上、株式は公の場で取引され、誰にでも購入できるようになる。また、クラブ側は、その調達した資金と引き換えにその１年間の経営活動を毎年報告する義務を負うわけである。いわば、地域住民のリクリエーショナルの象徴的なものから国際エンターテイメント企業への転換であり、マンチェスター・ユナイテッドのほか、20程度のクラブが当時ＩＰＯをしていった。

　一方で、米国のプロスポーツの多くは、リーグの方針としてＩＰＯを認めない流れもある。単純にＩＰＯの功罪を論じるのではなく、各リーグ、球団・クラブのイデオロギー、現況、将来展望などを総合的に勘案して、ＩＰＯすべきかどうかを決めることが勘要である。

□ メディア王による幻の買収計画と新オーナーの登場

オーナーの意思により、あらゆる資産は売却される。家や車と同様、企業も同じである。それにしても、マンチェスター・ユナイテッドの前オーナーであるマーティン・エドワーズは、どうしてもクラブを売却したかったようであり、父親の代からクラブのオーナーであったが、彼は、一度ならず、四度にわたってクラブ売却を画策したようである。日本においてはその三度目といえるメディア王ルパート・マードックに売却しようとした一件が一番有名であろう。実際この時は、ほとんど売却寸前までいったようだったが、この時は、英国の公正取引庁における独占・合併委員会（現・競争委員会）の指摘により、買収はとん挫することとなった。

結局、四度目の正直で２００５年に現オーナーのグレイザー一族への売却に成功した。その後、今でも、前オーナーのマーティン・エドワーズは、終身名誉チェアマンに就いている。１９９０年代のプレミアリーグの発足と成長に歩調を合わせながら、マンチェスター・ユナイテッドというクラブがビッグビジネスに転換することを指揮したにもかかわらず、２００５年にグレイザー一族に譲り渡してしまった彼は、自身の実業家として上がりを迎えたと思ったのかもしれない。父の代からのオーナーでありながら、外国人である米国人にクラブを売却するという、至極、ドライなビジネス判断をした。

しかし、１９９１年頃のマンチェスター・ユナイテッドのシーズンチケット額、約１１０ポンドが、グレイザー一族による買収後の２００８年には７倍近くに値上げされたことについて、経営陣を批判したとされる。

とはいえ、クラブを売却してしまった以上、最終的な意思決定は現オーナーのグレイザー一族がなすべきものであり、現経営陣はプロスポーツ・ビジネスとして、マンチェスター・ユナイテッドが最高峰に昇りつめるために、あらゆる方策を打ち出している流れの１つであるため、チケットの高額化というその事実だけで批判せず、今後のクラブ運営全体の動向を見守るべきであろう。

□ マンチェスター・ユナイテッドの買収スキーム

グレイザーは、ＬＢＯ（レバレッジド・バイ・アウト）という手法を使ってクラブを買収したとされる。ＬＢＯとは、買収先の企業の資産を担保に入れてヘッジファンドなどから資金を借り入れて、買収する手法である。借入は通常、買収対象となった企業の負債として計上される。もちろん、新オーナーは、想定したとおりに収益を上げられずに、企業が借入を返済できなければ、その企業を手放さなければならないリスクを負う。

グレイザーは、買収直後の２００５年にマンチェスター・ユナイテッドを未公開企業にしているため、この時の真実の姿は見ることはできないが、今までに公表された情報によれば、グレイザーはヘッジファンドのＰＩＫローンと呼ばれる金融商品により資金を調達したとされる。この時の金利は14・５％であり、大変な高金利である。契約期間の２０１７年までに返済できなかった場合は、マンチェスター・ユナイテッドの所有権は失うことになっていた。この借入であるが、現在はより低金利のグレイザーにとって有利な金融商品へ借換えが成功している。

ＬＢＯが持つそのスキームゆえ、クラブが不必要な負債を背負わされたとの批判もあるが、グレイザーが買収した２００５年以降、クラブが成長し続けている点は見逃せない。

グレイザーは、他業界でのビジネスの専門家・実践者を入社させ、いわば経営側をプロフェッショナル化することで、そのビジネス戦略の実行を加速化させているように見える。その戦略としてはアジア戦略であり、新しい収益の柱の模索である。新たなファンをベースにスポンサーを獲得し、また、ＣＲＭやモバイルなどの革新的なツールを用いて、ファンにアプローチしてクロスセルを仕掛ける。一連の動きは連動した戦略となっている。そのため、非選手スタッフ（事務スタッフ）の割合も増加しており、コマーシャル担当１２５人（前年比ほぼ倍増）、メディア担当69人、２０１３年度の全従業員数は月間平均で７４３名（うち選手82名）となっている。

実は、クラブが持つ負債は多額に渡るものともいえるが、借入勘定の自己資本に対する比率は2～3倍程度であり、財務的に判断すればそれほどでもない。ファンからすると、愛するクラブが大株主のキャッシュマシーンになってしまったという感情が、グレイザーに対する不満につながっていると考えられる。そのファン心理に対する配慮はクラブとしてどのように対応していくつもりなのかは、気になる所ではあるが、魅力的な選手が魅力的なプレーをし、試合に勝利していけば、ファンは必ずついてくるだろう。現在でも、ホームゲームの入場率99%ということから考えると、一部の批判はあるものの多くのファンはドライに受け止めているということかもしれない。

□ プロスポーツやスタジアムの買収スキームに活用できるLBO

グレイザー一族はマンチェスター・ユナイテッドを買収する際に、ＬＢＯスキームを活用したのは前述のとおりである。そのＬＢＯの仕組みについて簡単に説明する。

買い手の資金が足りなくても、買収する会社のブランドや事業価値があれば、それを担保に買収資金を借入調達し、買い手は小さい資本で大きな売り手をＭ＆Ａできる。この仕組みをＬＢＯ（レバレッジド・バイ・アウト）と呼ぶ。金融機関は、買収先が生み出す将来キャッシュフローを信頼して資金提供し、買収後の毎期の事業キャッシュフローで融資を回収する。

マンチェスター・ユナイテッドがＬＢＯを活用したほか、わが国で有名なのはソフトバンクが自身よりも規模の大きいボーダフォンやスプリント・ネクステルなどを買収する際に活用された。ヤフードームの買収も野球関連の事業価値、継続使用が信用になり、Ｍ＆Ａの資金調達を金融機関からした可能性があり、ある意味でＬＢＯの一種と思われる。

ＬＢＯを活用する場合、まずオーナーが自己資金を投資して買収目的会社（ＳＰＣ）が設立される。その際、買収資金が不足すると、買収先のブランド価値や事業価値を担保に金融機関等から買収資金が融通され、必要資金を調達する。その資金を使って買収先の既

存株主から株式を１０
０％買い取り、買収先をＭ＆Ａする。買収完了後、融資返済のために事業キャッシュフローを生み出す買収先とＳＰＣが合併し、１つの会社として買収先の資金・財産・収益・資金等を用い、数年かけて金融機関等への融資返済を完了する。

【LBOスキーム例】

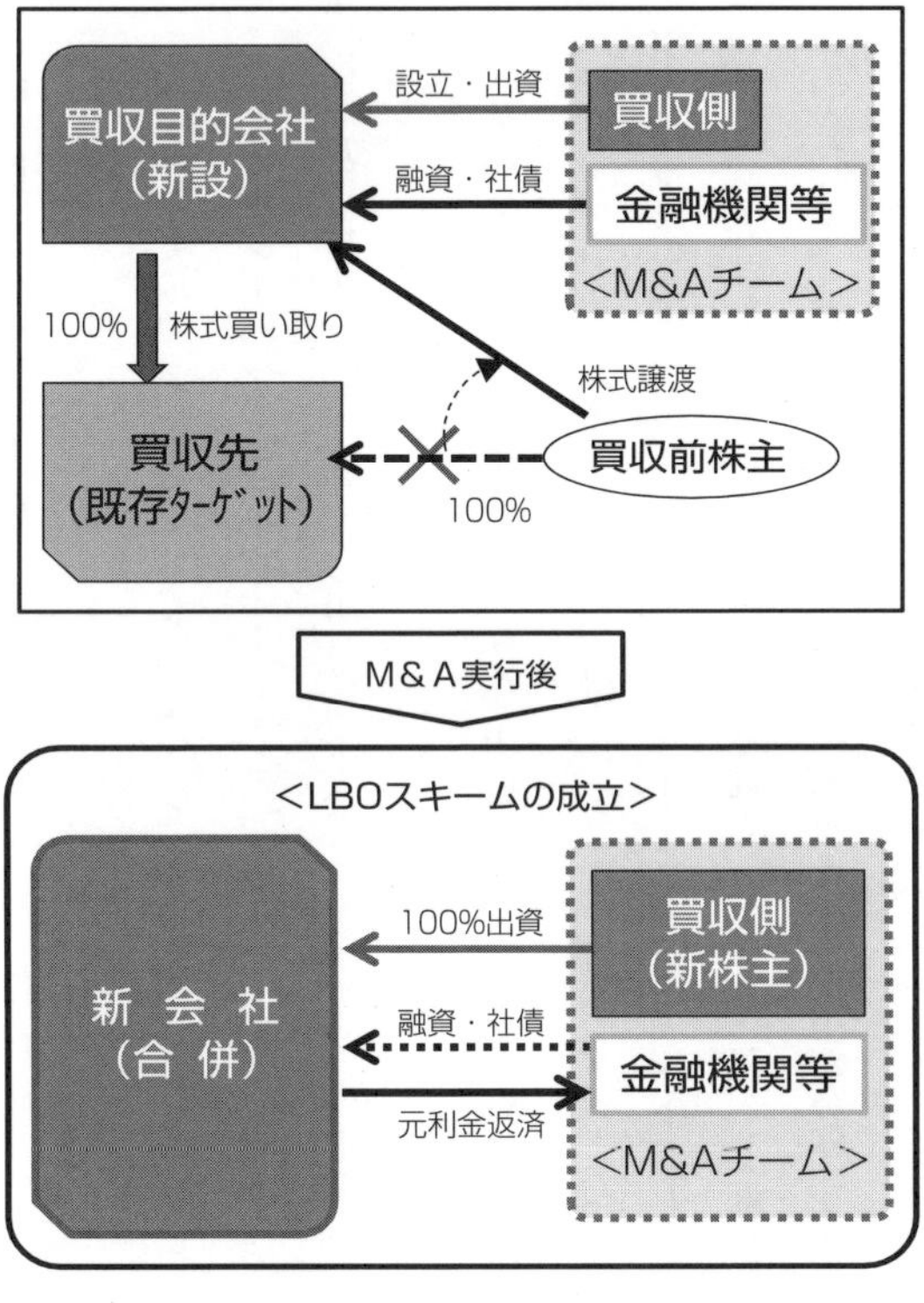

□ マンチェスター・ユナイテッドは絶対に買収されない株主資本

欧州のクラブの運営スタイルは、以下の３つに大別できる。

① 株式公開型　アーセナル、ドルトムント、ユベントスなど
② オーナーシップ型　チェルシーのアブラモビッチなど
③ 会員（ソシオ）運営型　バルセロナ、レアル・マドリードなど

マンチェスター・ユナイテッドは、①の株式公開型でありながら②のオーナーシップ形式を採っているクラブと分類でき、その内実は次のとおりである。

マンチェスター・ユナイテッドのクラブ運営は、マンチェスター・ユナイテッドＰＬＣという会社が行っており、この会社、実はケイマン諸島に登録されている。現在、上場しているのもこの会社である。この会社を、グレイザーは、米国のデラウェア州の会社レッドフットボールＬＬＣという会社を通じて、グレイザー一族のトラスト（Red Football General Partner Inc. Trusts）によって所有している。トラストの所有者は、マルコム・グレイザーの直系の一族のメンバー６名であり、この６名で均等に所有されている。そし

て、レッドフットボールＬＬＣが現在、オーナー一族の議決権を圧倒的に多くする種類株式などの手法を駆使して、マンチャスター・ユナイテッドＰＬＣの支配権を、82・28％保持し、現在は上場会社ではあるが、誰からも買収されないスキームになっている。

　なお、投資家として名高いソロスも、株主として現在、参加しており、上場株式として魅力がある証しになっている。ソロスは自身の投資ファンドを通じて、マンチャスター・ユナイテッドＰＬＣ株式の約８％を取得し、経営権としては、若干の０・24％であるが、大株主としてアニュアルレポートにて報告されている。

マンチェスター・ユナイテッドＰＬＣの議決権割合

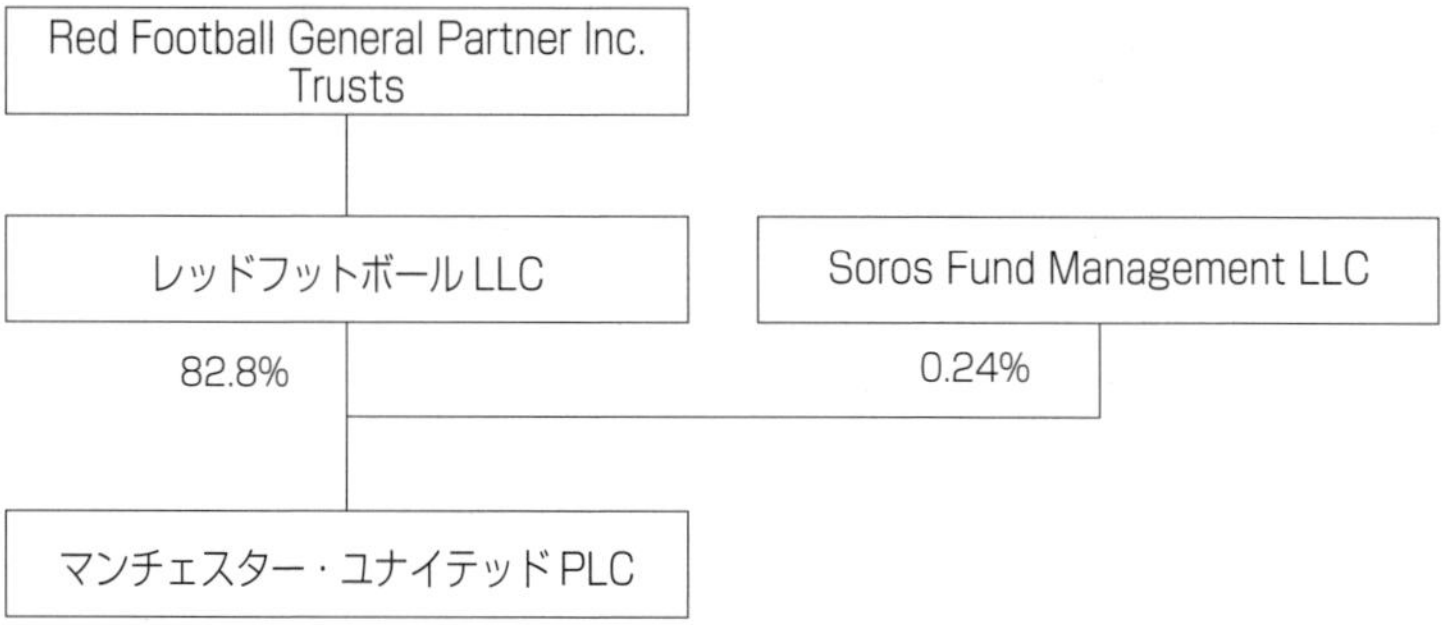

□ 上場後も買収されない「種類株式」のカラクリ

グレイザー一族はマンチェスター・ユナイテッドがＩＰＯしてもオーナーとして君臨するための対策を打っていた。その仕組みとしては種類株式の活用によって買収防衛策を完成させた。その種類株式について簡単に説明する。

基本的には権利内容を自由に設計して普通株式と異なる株式として発行する場合を種類株式と呼ぶ。会社の資本金は、通常は普通株式を株主に所有してもらう。だが、種類株式は、普通株式とは異なる権利内容を設定し、種類株式を所有する株主だけが権利を享受できるほか、逆に権利を制限させるように株式を発行する。代表例としては、剰余金や残余財産の配分を優越的に行える「優先株式」、議決権の全部または一部を制限する代わりに配当水準を普通株式よりも高くする「議決権制限付株式」、議決権普通株式は１株に１つの議決権を付与するが、１株に２つ以上の議決権を付与する「多議決権株式」などがある。

そのうちの「多議決権株式」をグレイザー一族は自分たち向けに発行し、ＩＰＯ後も一族で８割以上の議決権を持ち、圧倒的な支配権を維持している。この「多議決権株式」は米国では証券取引所が新規上場する会社の実力次第で認めている。つまり、オーナーがＩＰＯ後も会社を支配することが明らかであっても、その銘柄を買いたい投資家が広く存在すればＩＰＯさせる正当性があるという判断からだ。

有名なところでは、グーグル、フェイスブック、ツイッターなどが種類株式を活用して創業者の過半数以上の支配権をＩＰＯ後も実現している。日本ではまだ例が少なく、仮に多議決権を活用して上場申請をしても認められない可能性がある。しかし、投資家が魅力を感じる会社であれば、その魅力を作り出す経営を実行しているオーナーが支配し続けることは、株式の価値を維持・向上させる源泉でもあり、投資家にも共通の利益になるので、会社の事業内容によって認めるべきかもしれない。そうでなければ、オーナーが買収リスクを憂い、ＩＰＯに踏みきらない会社が増え、優良かつ魅力があるのに株式市場に登場しない会社が増えてしまう恐れがあるからだ。米国のように、投資家が興味を持つ会社を株式市場に呼び込む柔軟な考え方にわが国もなるべきではないか。

【種類株活用例】

例えば、普通株１株１議決権、種類株１株10議決権とし、普通株と種類株を10株ずつ発行する。

・そのうち、オーナーが普通株を４株、種類株を10株全て所有することとし、残り６株は外部株主が所有することにする。

・そうすると、普通株だけだとオーナー：外部株主の議決権は４：６となり、過半数にならない。

・しかし、種類株の議決権を合わせるとオーナーの議決権は普通株４議決権と種類株100議決権で104議決権となる。

・これによって、オーナー：外部株主の議決権は104：６となり、オーナーは94．5％の支配権を有することになる。

・マンチェスター・ユナイテッドのオーナーであるグレイザー一族も同様な手法で大株主となり、ＩＰＯ後も圧倒的な支配権を持つ。

□ プロスポーツ・ビジネスとＭ＆Ａ

一般に、Ｍ＆Ａというと売り手と買い手がある。

プロスポーツを展開する会社がＩＰＯすると買い手からの買収リスクが生じるが、適切な資本政策をＩＰＯまでに行い、経営権を過半数以上持てばリスクは回避できる。もっとも、ＩＰＯ後にオーナー会社自身が大株主の地位を諸事情でやめたい場合は、オーナーが売り手となり、買い手を探すことになる。ただし、その場合でも、Ｊリーグ規約など業界ルールを継続できるようにＭ＆Ａをしないと、クラブ自体がリーグ脱退、人気低迷、業績悪化という悪循環に陥るので、業界ルールは買い手にとってもＭ＆Ａ成功の必要条件といえ、必ず順守することが求められる。前述のように、マンチェスター・ユナイテッドはグレイザー一族がＭ＆Ａの手法の１つＬＢＯを活用し、旧オーナーから株を取得した。

次に、プロスポーツを展開する企業集団が買い手としてＭ＆Ａを仕掛けていく局面として何があるか考えてみたい。まず、クラブ運営の重層化のためのＭ＆Ａが考えられる。Ｊクラブ以外のチーム、女子クラブ、スクール、フットサルクラブ、トレーニングジム等を買収し、ブランド化による収益拡大のほか、スタジアム、選手育成、人員活用、管理コストなどの共通化により効率化を図ることができる。

また、スポーツビジネスを複合化し、野球その他の人気プロスポーツをグループ化し、運営ノウハウに相乗効果を出すためのＭ＆Ａもありうる。ちなみに、サッカーと野球だけ比べてもプロスポーツの保有と運営のノウハウは類似点が多い。プロスポーツをブランド価値と考えれば、業界は異なるが、ディズニー、ユニバーサルスタジオのほか、ＬＶＭＨ（ルイ・ヴィトン、ディオール、セリーヌ、フェンディ、免税店ＤＦＳ等を傘下に持つ会社）は、各ブランドのポートフォリオの違いを組み合わせ、広く収益を確保しつつ、リスク分散と収益の安定を図り成長しており、スポーツ業態を水平統合する際に参考となる。

次に、周辺事業会社を独自で立ち上げ、それぞれの専門家を育成、採用していくことに代えて、スタジアム運営、スポンサーシップ、放映権、キャラクター権など権利ビジネス、グッズ販売、飲食、イベント企画、スクール等を展開している専門会社をＭ＆Ａまたは共同運営会社と立ち上げることが考えられる。例えば、ソフトバンクが球団と一体運営のためにしたスタジアムのＭ＆Ａ、ＮＹヤンキースとＮＢＡニュージャージー・ネッツによる放送事業会社の共同運営などがある。いずれにしても、ブランド価値を最大化するためには周辺事業も全てグループ内で行わなければ、ブランド価値が流出してしまう。グループ力強化のためにＭ＆Ａも１つの選択として考え、プロスポーツ・ビジネス集団として変革し、継続的に収益を向上させるポートフォリオを組むことも考えるべきである。

□ マンチェスター・ユナイテッドのニューヨーク上場への軌跡

グレイザー一族は、前述のとおり、２００５年に支配権を獲得した後に、当時ロンドン市場にＩＰＯ（株式上場）していたクラブを一旦は未公開企業にした。その後、２０１２年8月にニューヨーク証券取引所にＩＰＯ（株式上場）を果たした。種類株を活用し、その時の公募・売出しは約１・３％であり、プロスポーツに限らず、企業の上場に関しては支配権が薄まることによるデメリットもあるといわれている中で、支配権を保持したままの上場を成功させたといえる。

通常、上場のメリットは、①財務強化のための資金調達、②経営の高度化と信頼性の確保、③社会的なアピールなどが挙げられる。

今回のＩＰＯに際しては、まずは財務面での効果が見て取れる。今回のＩＰＯでクラブは、負債の圧縮に成功した。クラブは、調達した資本は全額負債へ充当する計画を事前に表明しており、実際、２０１２年に9月に約4億３６００万ポンドあった負債を、３億７４００万ポンドへ圧縮させている。今回の上場に当たっては、公募だけでなく、オーナーがすでに持っていた株の売出しも行っており、既存の持ち分のキャッシュ化にも成功していることは見逃せず、投資家としてのグレイザーの抜け目のなさが改めて感じられる。

一方、上場のデメリットとしては、①経営権の希薄化・買収対象となるリスク、②上場にかかる手間とコストなどが挙げられる。

まず、経営権の希薄化・買収対象となるリスクに関しては、前述のとおり、公募・売出しの対象となる株式を制限し、少なくすることで、経営権を盤石なものとしている。その一方で、上場にかかる手間とコストに関しては、ニューヨークで上場し、オバマ大統領が成立させたＪＯＢＳ法（Jumpstart Our Business Startups Act（新規事業活性化法））という法律の適用を受けながら必要な幾つかの事務負担を回避し、その分のコストが少なくなっている可能性がある。これは、証券取引法で求められる財務情報開示義務や、ＳＯＸ法で求められる内部統制報告書の開示義務などが、中小企業は軽減されるというものであり、年間総売上高10億ドル未満（約１０００億円未満）の会社が対象となっているものである。

いずれにしても、上場するメリットとデメリットを比較してメリットが上回っていれば、ＩＰＯする価値はあると考えるべきであろう。

□ プロスポーツ・ビジネスとＩＰＯ

プロスポーツのＩＰＯ（株式上場）というと違和感を覚える向きも多いかもしれない。しかし、欧米では過去に多くのＩＰＯが行われ、諸事情で非上場化も同程度生じている。そんな中、前述のとおり、２０１２年８月にマンチェスター・ユナイテッドがニューヨーク証券取引所に株価14ドル台、時価総額23億ドルでＩＰＯし、１億ドル超を自己資本として調達した。その後12ドル台まで下げ、ファンに失望感が走ったが、１年経過した時点ではＩＰＯ時を凌ぐ16ドル台まで持ち直している。そして、上場会社として求められるのは成長性であるが、マンチェスター・ユナイテッドは総合エンターテイメント会社のような事業展開をしており、成長性をキープし、さらにはアジアなどの新たなマーケットへの展開も始め、事業拡大を今も続けている。

一般に、ＩＰＯする背景としては資金調達能力の強化目的があるが、上場時の公募増資だけでなく、上場後も上場会社としての信用で金融機関からの融資を受けやすい、また、非上場会社のようにオーナーの個人保証は求められない、さらに社債発行なども非上場の時より金利を含め有利に展開可能であり、資金調達の規模のみならず、調達方法の選択の幅が格段に向上する。その資金調達で得た資金力を基に、顧客の満足や購買行動を促進するような専用スタジアム建設・補修・改修、周辺事業や他のスポーツチームの買収、有能な選手の移籍金、下部組織育成、ＰＲ活動などを他のクラブより有利に進めることができるようになり、結果として、魅力や試合の勝率を高めることに繋がる好循環を生む可能性がある。また、上場会社になることによって、決算書をはじめ運営内容を正確に投資家に開示することが義務となり、ファンやスポンサーをはじめ各ステークホルダーに対しても運営実態をガラス張りにでき、透明性を向上することができると共に組織的な会社にもなる。これによって非上場会社にありがちなオーナーの横暴や暴走を抑止し、経営判断ミスを減らし、結果としてガバナンス強化を図ることができる可能性が高まる。さらに、ファンが株主となり株式売買を自由に行え、株主総会出席、株主優待等も可能となる。

このように、ＩＰＯはビジネス上のポピュラーな選択肢として多くのメリットがあるが、スポーツという縛りの中で、感情的な排除論がよくある。しかし、プロスポーツを親会社に頼らない真のビジネスとして考えた場合、ＩＰＯを否定することは全く無意味である。

ところで、ＩＰＯを目指すことは、株式会社でさえあれば可能であり、プロスポーツの運営会社のほとんどは株式会社であるため、その条件は満たしている。

しかし、Ｊリーグの各クラブがＩＰＯを考える場合には、例えば、Ｊリーグ規約でさまざまな制約があり、どのようにＩＰＯをすれば良いかについては一定のハードルがある。

□ プロスポーツがＩＰＯするためのスキーム研究

Ｊクラブが I P O を目指すうえで、ハードルになると思われるＪリーグ規約（H24・4・1施行版）は、次の2つだ。まず、同規約第12条〔Ｊクラブの資格要件〕で、Ｊクラブは、日本法に基づき設立された、発行済み株式総数の過半数の日本国籍を有する者か内国法人が保有する株式会社であることまたは公益社団法人もしくは特例社団法人であることが要件となっていることである。次に、同規約第25条〔Ｊクラブの株主〕で、Ｊクラブは、発行済株式総数の持株比率５％を超えて株主の変更があった場合は変更する前に理事会承認が必要となるということである。当該規約が存在するため、Ｊクラブ運営会社自体がＩＰＯすることは難しい。ただ、同規約第25条は、Ｊクラブの株主が移動しなければ解決できると思われる。つまり、ＩＰＯする会社がＪクラブを１００％所有し続ければ、Ｊクラブ自体は恒久的に同じ株主に所有され株主の変更はないので、理事会承認は不要となる。次に、12条だが、同規約に沿って、ＩＰＯする会社の株式は日本人オーナーが過半数を持つか、内国法人が大株主として保有する構造にする。ちなみに、内国法人である旨の条件は最近の追加規約であるが、横浜Ｆマリノスの親会社である日産がルノーほか外国人株主に過半数の株式を保有されていることへの配慮と推察でき、上場親会社の資本構成には口を出さないという日本サッカー協会の方針が見てとれる。いずれにしても、この2つの規約を手堅く遵守したスキームで資本構成を組めばＩＰＯできる可能性が生じてくる。

さらに、Ｊリーグ規則とは別にもっと検討すべきＩＰＯの条件がある。それは、「業績向上、企業成長」というものだ。Ｊリーグの試合数は限られている。このため、入場料収入等にのみ依存した経営ではこの条件を満たせない可能性がある。しかし、これも視野を広く持てばクリアできる。つまり、マンチェスター・ユナイテッドと同様に、クラブ運営のみならず、周辺事業（スタジアム運営、スポンサーシップ、放映権、キャラクター権、グッズ販売、飲食、イベント企画、スクールなど）で収益を上げ、成長性を描ければＩＰＯの条件が整うことになる。

なお、資本政策の組み方を事前に工夫しておけば、ＩＰＯした後もオーナーとして過半数の経営権を支配することも可能である。実際に上場会社の中にはオーナーだけで株式の過半数を所有する会社、もしくはオーナーサイドと思われる何人かの株主と合わせて過半数を所有する会社がある。さらに、普通株式より議決権を多くする種類株式を活用すれば、オーナー会社は圧倒的な議決権を所有できる。しかし、現状、わが国では種類株式を併用してＩＰＯした例はまだ少ない。プロスポーツのみならず、多くの魅力ある会社が種類株を活用してＩＰＯする流れが、日本でも定着することが望まれる。

□ プロスポーツにおけるＩＰＯ雑考①

Ｊクラブが Ｊリーグ規則をクリアし、周辺事業も営み、成長性を描ける企業集団になれば、ＩＰＯすることが可能になる。

【IPOスキーム例】

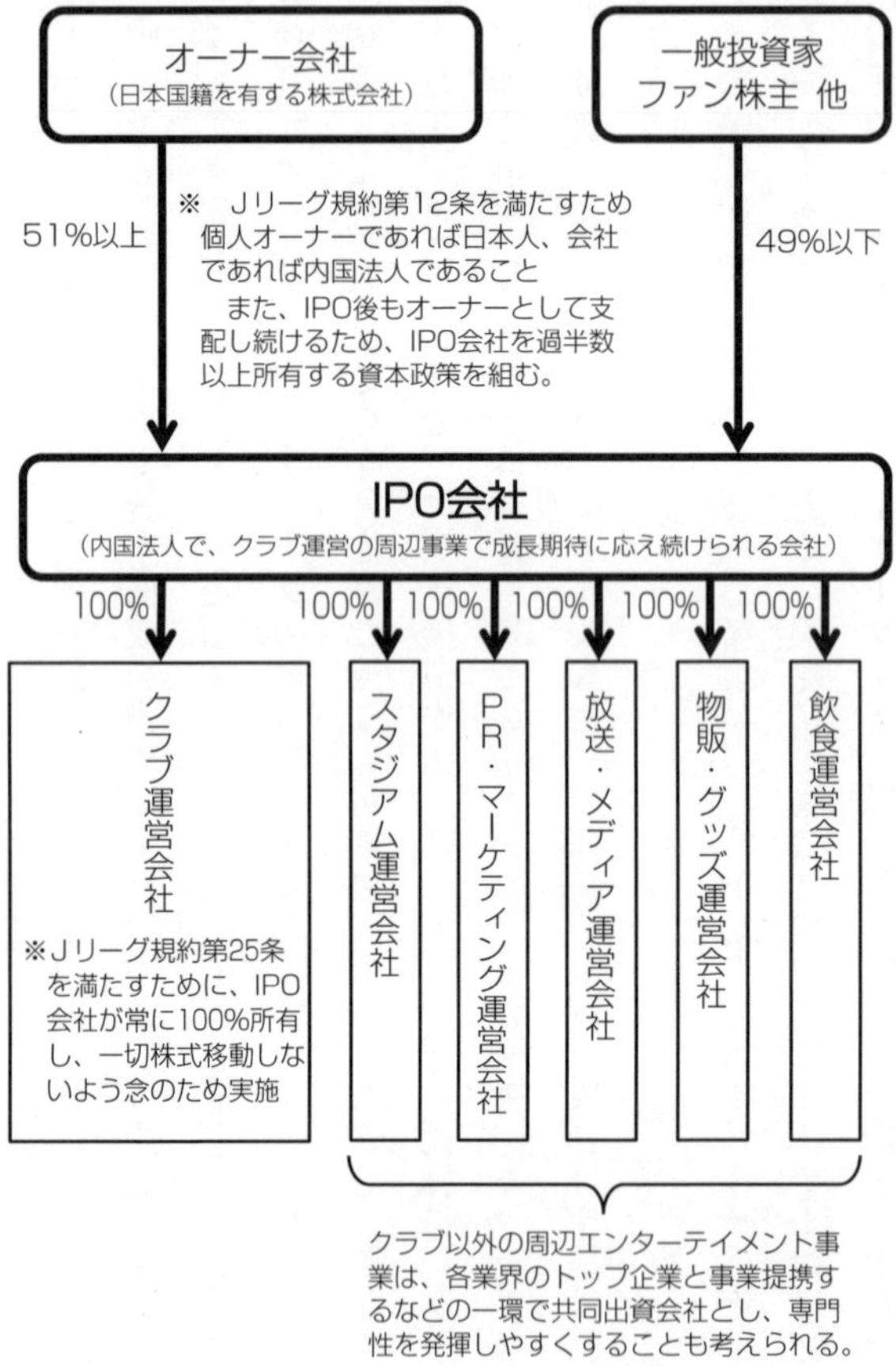
オーナー会社
（日本国籍を有する株式会社）
一般投資家
ファン株主 他
51%以上
※ Ｊリーグ規約第12条を満たすため個人オーナーであれば日本人、会社であれば内国法人であること
また、IPO後もオーナーとして支配し続けるため、IPO会社を過半数以上所有する資本政策を組む。
49%以下
IPO会社
（内国法人で、クラブ運営の周辺事業で成長期待に応え続けられる会社）
100%
100%
100%
100%
100%
100%
クラブ運営会社
※Ｊリーグ規約第25条を満たすために、IPO会社が常に100%所有し、一切株式移動しないよう念のため実施
スタジアム運営会社
ＰＲ・マーケティング運営会社
放送・メディア運営会社
物販・グッズ運営会社
飲食運営会社
クラブ以外の周辺エンターテイメント事業は、各業界のトップ企業と事業提携するなどの一環で共同出資会社とし、専門性を発揮しやすくすることも考えられる。

ところで、ＩＰＯをする場合、買収リスク、煩雑な株主対策、事務コスト増、短期利益志向などのデメリットが気になるかもしれないが、どれも考え方次第、解決も可能である。まず、前述したＪリーグ規約を満たすためにＩＰＯする会社の株式をオーナーまたはオーナー会社が過半数所有すれば、結果としてＩＰＯ後も買収されない。また、株主対策は芸能プロと同様に一般投資家に極力ファンを取り込み、例えば、株主総会に選手たちが登場すれば一大イベントになり、マスコミも取材に来てＰＲにもなる。さらに、決算開示やＩＲでコスト増にはなるが、多くのステークホルダーに対して透明性を向上するためのコストと考えれば一石二鳥である。また、１試合ごとに業績を積み重ね、施策も日々変化させていかなければ生き残れない業界なので、短期利益志向は違和感ないはずである。

ＩＰＯにより調達した資金で経営資源を充実させれば、理想のチーム作りができ、試合に勝てる可能性も高まる。また、スタジアム周辺のインフラを整えることができ、ファンが増大する土壌も生まれる。結果として収入増となり内部留保が増え、投資可能性が拡大し、継続的な経営資源の強化、収益拡大の好循環が生まれる。

近年、新興市場を中心に上場基準が緩和の流れにあり、新規上場しやすい環境が整いつつあるので、プロスポーツ・ビジネスとしてもＩＰＯを検討すべきではないか。

□ プロスポーツにおけるＩＰＯ雑考②

ここまでプロスポーツの球団・クラブがＩＰＯする可能性について述べたが、球団・クラブがＩＰＯするかどうかは流行り廃りで語るべきではない。球団・クラブごとにその必要性を独自に見極め、それぞれのイデオロギーや経営環境に合った場合にはじめてＩＰＯの実行を検討、選択していくべきである。

過去から現在に至るまで、欧米のプロスポーツにおいても球団・クラブの幾つかはＩＰＯを実施し、時には非上場化してきた歴史が存在する。それぞれのオーナーが、ＩＰＯのメリット・デメリット、時代の流れ、上場会社という選択を継続することの意義などを斟酌し、経営判断をしてきた結果といえるのではないか。

ＩＰＯを行う主な目的は資金調達、信用強化、人材確保などである。実際、プレミアリーグのクラブはスタジアム建設や移籍金確保による人的資産の強化のためにＩＰＯを実現し、増資、社債発行、好条件での銀行借入などを実現していった。しかし、その後、上場会社として業績の維持・向上を図れないケースや上場維持のための義務やコストが経営の負担となり上場メリットを享受できないと感じた時に非上場化の道を探ることになった。

つまり、本書の一貫したテーマである「プロスポーツをビジネスとして展開する」、「収益を出し続ける」ことができるかどうかがＩＰＯをすべきか、しても大丈夫かを見極めるポイントにもなる。ＩＰＯをする以上は、マンチェスター・ユナイテッドのように業績向上を推進する経営を行い続ける覚悟が必要であり、試合で勝利する目標だけでなく、それと並行して、ビジネスでも成功する目標を持ち、それらを実現するマネジメント・チームを組成し、施策を立案し、実行可能性を高めることが必須である。

プロスポーツは人気商売ともいえるが、実は上場会社も投資家が期待する人気の会社であることが条件となる。株式市場で受ける会社は、業績が良好で今後も成長が期待できる会社である。「人気」に業績という「実力」が兼ね備われば、まさに上場会社としてピッタリの器となる。人気と好業績の両輪を持つ球団・クラブがＩＰＯを真剣に検討し、実現すれば、ファンや地元の方々が株を買って投資家になる可能性は高いと思われる。例えば、３万人が１株50万円で購入すれば１５０億円が球団・クラブに入る。

人気と実力（業績）があり、数万人が魅力を感じ、株式を購入したいと思えば、決して無理な数字ではない。また、種類株を利用すれば、経営権もしっかり確保したＩＰＯとなる。種類株が存在しても純粋に投資したいと思われる魅力ある会社（球団・クラブ）、目指す会社であればＩＰＯも一考の価値がある。そんな球団・クラブが近い将来、日本にも登場してくることを我々は楽しみにし、応援したい。

□スポーツくじ「toto」助成金をJクラブにも活かす

文部科学省の外郭団体である独立行政法人日本スポーツ振興センターが運営する「toto（トト）」はいわずと知れた公に認められたスポーツくじであり、平成13年度に産声を上げた。くじの販売代金の半分は当選金として当選者に払い戻され、残り半分からくじ運営経費を差し引いた残額が収益となり、その収益の３分の１は国庫納付金として政府に収められ、最終的に残る３分の２がスポーツ振興事業の助成金交付に使われる構造である。

特徴として、賭けの対象はＪリーグの試合結果であるが、当落と試合との因果関係で生じるさまざまな弊害（八百長、負けたクラブや失点を演出した選手への逆恨みなど）に配慮して、くじ制度とＪリーグ側はアンタッチャブルな関係にある。また、くじ開始から数年間はずさんな巨額の運営経費が生じ、販売も低迷した結果、助成金額も低水準にあった。しかし、経費節減や今では主流のＢＩＧが平成18年から発売され、19年度以降は年間７００億円超の安定売上となり、25年度は初めて１０００億円の大台に乗り拡大基調にある。

この結果、毎年２００億円弱の助成金を交付できるようになり、助成金は当初の予定どおり、さまざまな種目や地域スポーツの振興に使われ始めた。意外にも、東日本大震災復旧・復興や東京オリンピック・パラリンピックのスポーツ関連支援としての交付もある。

なお、Ｊリーグに恩恵が全くないわけではなく、申請可能な関係者を通じて間接的に他のスポーツと同様に助成金を享受できる。Ｊクラブ自体は助成金の交付対象団体に直接なれないが、拠点を提供する自治体やスポーツ振興目的の非営利法人等の関係者が申請を実現すれば、賃借スタジアム・クラブハウス・練習場の新設や改修、周辺事業（サッカースクール、併設する女子や他種目のスポーツクラブ等）などに助成金を活用できるのだ。

実際、栃木グリーンスタジアム整備、山形ＮＤソフトスタジアム改修、ガンバ大阪吹田市立スタジアム新設（総工費１４０億円のうち助成金30億円）等で自治体は助成金受給を実現した。また、セレッソ大阪は従来からスクール事業を手掛け、地域振興や生え抜き選手育成（香川、柿谷、南野、扇原等）で定評があったが、クラブ運営悪化で直接運営を中断した。しかし、平成22年に一般社団法人「セレッソ大阪スポーツクラブ」を非営利法人として別途設立し、天然芝グランド、他種目の公式戦開催可能な人工芝グランド、最新のクラブハウス等を助成金で新設し、練習、スクール、スポーツ振興等の一大拠点を得た。

この施設はクラブ専用ではなく使い方に工夫がいるが、市民も使えるため却って地域交流が進んだ。練習環境向上・若手育成というセレッソの目的と地域に愛され・地域のスポーツ振興に貢献するクラブを地元に持ちたい自治体の願いが合致した好例といえる。

地元密着のプロスポーツが繁栄していく１つの手段として助成金は一考の価値がある。

□資金調達の新潮流「クラウドファンディング」の可能性

今、世界で新しい資金調達方法が増加している。ネット上で、事業構想に賛同してくれた多数の人々から広く資金を集めるスキームであり、クラウドファンディングと呼ばれる仕組みである。資金難のスポーツ選手、自主制作映画、ユニークかつスモールマーケットでの製品作りなどにも活用される例もある。

資金提供を受けたい個人、団体、または会社が自らの事業プランを公表し、不特定多数の投資家から資金調達をする際に、全ての一連の行為をネット上で機動的に行うことをいい、見返りのない①「寄付型」、資金提供した相手に対して自らの商品やサービスなどを提供する②「購入型」、そして、法律に従って金融商品の売買として行う③「貸付型」、「ファンド型」、「投資型」などに分類される。

現状としては、クラウドファンディングのマーケットは、①、②を中心に、欧米市場において、２０１１年実績14億ドル、２０１２年実績27億ドル、２０１３年予想51億ドルと物凄い勢いで拡大している。

ところで、クラウドファンディングの分類のうち③に属する「投資型」を実施するには、出資を広く募るため、一定の規模以上で募集を実施する場合、有価証券の発行者や仲介者に対する規制が必要になるため金融商品取引法の整備が必要であり、現在は日本でも実施可能な方向で調整しており、開示義務軽減、投資限度額設定等を中心にどうすべきか検討している。その際に、「投資型」である以上は株主になってもらうことに繋がるので、株主拡散が生じるため、種類株式（無議決権など）も併せて検討する必要がある。

　米国では、すでに法整備が進んでいて、前述のとおり２００４年４月にＪＯＢＳ法（Jumpstart Our Business Startups Act）が成立し、ＳＥＣの規制・ルールが固まり次第、施行される段階にある。英国では、現時点で「投資型」の資金調達も可能であり、資金調達のために有価証券を発行する「発行者」に対する規制と投資家と発行者とを仲立ちする「仲介者」に対する規制が整備されている。

　プロスポーツ界がクラウドファンディングを利用する場合、スタジアム建設や財務の安定化のために行われるケースが考えられるが、わが国において目下検討中の「投資型」は比較的少額な規模で規制・ルールを考えているようなので、必要資金を全て満たすようなボリュームにはならないであろう。そのため、ファンやサポーターがクラブ・球団に貢献したい、希少性のある特別なチーム・グッズを手にしたい、選手との特別な交流企画に参加したいなどの思いを体現できるような仕組みをセットにした「寄付型」や「購入型」のクラウドファンディングが現実的に実現できる今後の流れといえるのではないか。

第５章

欧州のプロスポーツ・ビジネス事情

欧州プロスポーツ、中でもサッカークラブについては、個々の経営環境に適応し、ビジネスの観点で特筆すべきマネジメントスタイルを採る例が多い。プロスポーツ・ビジネスについては、前章までに述べたマンチェスター・ユナイテッドが先進的な事例の代表格ではあるが、ほかにも、日本でもお馴染みのセリアＡのユベントス、プレミアリーグのアーセナルも特徴がある。この２つのクラブに焦点を当て、それぞれの経営改革の歩みや両クラブに共通して生じたスタジアム建設における資金調達問題および解決方法などについて説明する。

清水　健一郎／神谷　敦志

□ イタリアで上場しているユベントスFC

ユベントス（Juventus）は、日本でも昔から人気のあるイタリアのサッカークラブである。白と黒の縦縞のユニフォームでイタリアのトリノを本拠地とし、現在、トップ・リーグであるセリエＡに所属している。ワールドカップでも活躍したロベルト・バッジョやジネディーヌ・ジダン、アレッサンドロ・デル・ピエロ、また、将軍と呼ばれたミッシェル・プラティニが１９８０年代に所属していたチームでもある。プラティニは、現在のＦＩＦＡクラブワールドカップの前身であるトヨタカップで、実際はオフサイドと判定され幻となったが、トヨタカップ史上で最も美しいシュートと評される見せ場を作ったことでも知られ、オフサイドと判定された直後に頬杖をついて茶色の芝生の上で寝そべって判定に抗議する姿が何度もＴＶ放映されたことを古くからのファンは覚えているだろう。今、プラティニは、フィナンシャル・フェア・プレーの導入を決定した現在のＵＥＦＡの会長でもあり、今なお強いリーダーシップを発揮している。現在の日本代表のアルベルト・ザッケローニ監督も、４か月ではあったがこのビアンコ・ネロ（ユベントスの愛称）の監督として指揮をしていたこともある。

創立は古く１８９７年で、クラブの名前はラテン語でユース（Youth）すなわち若者を意味する言葉から名づけられた。創設時メンバーが全て17歳以下の学生達だったからである。過去においてセリエAで29回優勝している。本来は、２００５年、２００６年にもスクデットを獲得しているが、ユベントスのほか数クラブによる審判買収などの不正スキャンダルが２００６年に発覚し、この２回の優勝が剥奪されている。この事件によってイタリアサッカー界に激震が走ったが、リーグ全体で対策を打ち、脱却を目指し現在に至る。

　ユベントスは、イタリア証券取引所に上場しており、１９２３年にイタリアの自動車会社フィアット社のオーナーであるエドアルド・アニェッリが会長に就任し、その後、ユベントスとアニェッリ家は長期に渡る関係性がある。現在は、アンドレア・アニェッリが会長である。ユベントスの株主構成は、EXORS.p.A（63・８％）、Mercato（34・０％）、Lindsell Train（２・２％）である。EXORS.p.Aはアニェッリ家の傘下であり、強い支配関係を持つ。また、２０１３年の４月にフォーブスが公表した世界サッカーチーム資産価値ランキングによると、ユベントスは第８位（その他スポーツを含めた資産価値ランキングでは50位圏外）で６億９４００万ドルとなっている。

　なお、ユベントスは最近３年間赤字経営となっているものの、自前のスタジアム建設による収益性の改善や経営体制の刷新によるガバナンス改革など健全化に向けた取組みが実現しつつある。その点は日本のクラブにも参考になるだろう。

□ 伸び代が期待できるユベントスの収益構造

イタリアの多くのサッカークラブがそうであるように、ユベントスの収益構造は、TV・ラジオ等のメディアの放映権に大きく依存している。２０１１年度のユベントスの放映権収入は、８６８０万ユーロで、総収入に占める割合の51・５％と過半数を超える。この年は、３年ぶりにUEFAチャンピオンズリーグへの出場を逃したこともあり、約４３００万ユーロ、前期比約33％も放映権の収入を減少させており、その影響を大きく受けて、９５４０万ユーロもの最終損失を計上している。このように過度に放映権収入に依存している状況が、ユベントスの収益構造のアキレス腱ともいえる特徴である。収益源としてメディアが好調の間は良いが、メディア側の番組編成の見直し等により、ひとたび放映権収入が低下すると経営全体に大きな打撃を受けてしまう。

放映権収入が多い半面、収入の柱となるべき入場料収入の割合は低い。２０１１年度の入場料関係の収入は、１１６０万ユーロと放映権収入の10分の1程度、全収入に対する割合に至っては７％程度となっており、後述する新たにクラブ占有スタジアムをオープンさせて倍増に成功した２０１２年においても未だ15％程度となっている。例えば、マンチェスター・ユナイテッドの同時期の入場料収入割合31％と比べても半分であり、全体の収入がマンチェスター・ユナイテッドに比較しても小さい現状では、スタジアムの収容規模が小さいことを考慮したとしてもまだ十分伸び代があるといえる。入場料収入は地域の経済力に大きく依存するため、ここを伸ばすためには、地域の人々が集い、楽しむことができる諸施策が必要で、そのための計画をユベントスは持っていることを後述する。

広告・スポンサー収入は、２０１０年から２０１１年の横ばいを脱して上昇基調である。２０１２年はスタジアムの入場料収入の増加に合わせて５３４０万ユーロと前期比24％増加している。２０１２年7月には3年トータルで３５００万ユーロ（当時の1ユーロ95円換算で約33億円）となる新たなスポンサー契約をアニェッリ家傘下のフィアット社の関連会社ＪＥＥＰとの間で獲得に成功している。とはいえ、マンチェスター・ユナイテッドがまさに同じ月に、7年で約5億５９００万ドル（1ドル１００円で５６０億円）の新規スポンサー契約をＧＭとの間で締結していることを考えると、契約交渉のスケールに大きな開きがある。この違いは、スポンサー企業への世界的な規模でのマーケティング戦略・効果の訴求力の差であろう。チームの強化やブランド価値の向上と共に、グローバル展開をしている企業へリーチするための諸施策や交渉力の強化・専門部隊の組成などがユベントスの今後の課題である。

□ ユベントスの目指すコスト構造

一方の費用面であるが、２部リーグに降格した２００７年から選手補強のためか、人件費を中心に年平均７％着実に増加してしまっている。人件費は収入の50％未満が財務上は健全とされており、例えば、マンチェスター・ユナイテッドは50％代をキープしているが、ユベントスの場合、２０１２年は64％、収入が激減した２０１１年には何と70％を超えており、改善は急務である。

しかし、マネジメントは、現時点で人件費率を下げるつもりはなさそうである。というのも、人件費率で見れば確かに高水準であるが、絶対額としては、マンチェスター・ユナイテッドのほうがまだまだ大きく、選手の重点補強は勿論だが、経営のプロフェッショナルの採用なども進めている面もある。

現在のユベントスは、ＵＥＦＡチャンピオンズリーグに2年ぶりに出場しベスト8に進出した昨シーズンに引き続き、今季も連続出場し、グループリーグで敗れはしたが、復活をアピールしてきている。新スタジアムやミュージアムもオープンしたばかりであり、収益源は確実にてこ入れされている。したがって、人件費は一定の金額を保つ方向で考えているようである。しかし、フィナンシャル・フェア・プレーの新ルールに対応しなければならないので、多額の人件費の負担能力を向上させるため、むしろさらなる投資を行って収入をもっと伸ばし、人件費をはじめとしたコスト負担力を強化する計画のようだ。つまり、収益規模を増大させることが今後の負担できるコストの絶対額を増やす唯一の手段になるのである。

巨額の損失を計上した２０１１年10月には、減資のうえ、１億２０００万ユーロを上限とする増資を行い、資金面での手当てを行っている。２０１０年から3期連続の赤字経営となっているが、赤字は減少傾向にあり、２０１３年に底を打つものと想定される。

先立つこと、５月にオーナーのアニェッリ家より若き経営者アンドレア・アニェッリが新しい会長に就任している。若干35歳の就任ではあるが、オックスフォードで学び、フェラーリでマーケティングを担当していた逸材として期待されている。増資の際に策定されたビジネスプランどおりに、Ｖ字回復を果たせるか。若きエース、アンドレアの手腕に注目が集まっている。

□自前スタジアムで収益源のテコ入れを行ったユベントス

元々、イタリアでは日本と同様に、公営のスタジアムでプロのサッカーの試合が開催されていた。そのような状況の中、２０１１年、ユベントスはイタリア初となるクラブ占有スタジアムであるユベントス・スタジアムを完成させた。４万１０００人収容のこのスタジアムが、クラブ占有となったことで、その経済効果は初年度から表れ出している。チケット等収入の伸びが、２０１１年の１１６０万ユーロから、３１９０万ユーロへと約２・８倍の収益の増加を見せている。特に、シーズンパスの売上が好調で、２０１１／１２シーズンはＵＥＦＡチャンピオンズリーグには出場できず、ホームゲームのトータルの試合開催数は50から43へ減少したにも関わらず、このような良い結果となっている。

以前の、ピッチから遠いうえに古い設備のままだった旧スタジアムとは打って変わって、華やかな雰囲気になっており、そして、何といっても、観客席の前後の傾斜を大きくし、どの席からでも観やすい造りにした。ミュージアムや、ユース選手育成のためのカレッジ、そしてショッピングセンターも併設し、試合のない日も十分に楽しめる仕組みになっている。ミュージアムだけでも２０１２年の５月のオープンから最初の５カ月ですでに６万５０００人のビジターを受け入れており、新たな収益の柱が生まれたといえる。

新ユベントス・スタジアムは、２００７年3月に取締役会により計画が承認され、実行に移された。実際かかった費用は約１４５億円ともいわれており、巨額の資金を投入している。新スタジアム建設の資金を賄うためにクラブは、Sportfiveというスポーツマーケティング企業と、最低保証金約90億円（75百万ユーロ）で新スタジアムの命名権・スカイボックス・ＶＩＰシートをスタジアム完成後から12年間譲渡するという先進的な契約を結び、戦略的に資金プランを練って、スタジアム建設を推し進めている。また、２０１４年5月に行われるＵＥＦＡヨーロッパリーグの決勝の舞台にもなった。このことは、クラブは新たな収益源を確保したと共に、国際レベルの大会に適合するスタジアムの品質があり、また運営能力もあることを示す絶好の機会である。

ユベントスの改革はまだまだ止まらない。さらに、ユベントス・ビレッジ構想を発表した。トリノ市と共に、スタジアム周辺に、商業施設やカルチャー施設や住宅街を整備し、放置され廃れた環境にある地域の治安改善、さらなる活性化に一役買っている。

スタジアムだけでなく関連施設の整備を進め、入場チケットや関連売上を伸ばすという戦略は、マンチェスター・ユナイテッドの戦略と通じるものがある。スケールは異なるが伝統のあるクラブであり、世界的に名前の通った選手が所属し、ＵＥＦＡチャンピオンズリーグの常連を目指すこのクラブの描く未来図は、大いに期待できるものである。

□ カルチョ・スキャンダルを契機に健全化へ向かったユベントス

俗に〝カルチョ・スキャンダル〟と呼ばれた不正事件がイタリアサッカー界を揺るがしたのは２００６年のことであった。ユベントスはＡＣミランのほか3クラブと共に、チームに有利になるように審判選出を操作していたとされる。ユベントスは、これを根拠のないものと主張していたが、罰金・罰則、２部リーグであるセリエＢへ降格とする裁判所の判決を受け入れている。この降格後、１年でセリエＡに復帰しているが、この不正スキャンダルを受けて、ユベントスは、経営体制の刷新によるガバナンス改革を進めた。新しい取締役会メンバーを選任し、スポーツ委員会など新たな委員会の設置などを行った。

設置されたスポーツ委員会は、まず、監査委員会と共にマネジメントおよび従業員が企業運営において規範とすべき社内規程を改定した。また、この規程の遵守状況をモニタリングすべく、内部統制のシステムを確立した。そのために、専任の内部統制マネージャーを配置し、経常的に社内の内部統制がシステム（仕組み）として機能しているかの評価・モニタリングを行っている。これらの活動を通じて、内部統制マネージャーは内部統制のさらなる改善に寄与する役割を担っている。

倫理規定は、サポーターやファンを尊重しつつ、企業としてゴールを目指していく過程において留意すべき、プロスポーツ・ビジネスのプロフェッショナルとしての行動規範を定めており、アンチドーピングなど、プロスポーツ企業ならではの条項も含まれている。

　ユベントスは、コーポレートガバナンスに関する年次レポートの発行を２００７年に開始している。これらのガバナンス改革の内容や社内規程を公開し、まさに組織の透明性を高めているのだ。

　これらの体質改善の最中である２００７年3月に、刷新された経営陣は新スタジアムの建設を承認し、新たな事業展開を図ったのである。新スタジアムの効果は、前述のとおり、今のところ大変ポジティブな展開を見せている。

　ちなみに、アクセル全開のＦ１レースで重要なことは、推進力となるエンジンだけではなく効きの良いブレーキがポイントともいわれる。ガバナンスの強化は経営にとってブレーキとして多くは後ろ向きに捉えられがちであるが、強くアクセルを踏むために極上のブレーキは必要なことでもある。ユベントスのガバナンスの整備のきっかけは、不正スキャンダルであったかもしれないが、まさにユベントスが実行しつつあるように事業展開でアクセルを踏むために、ブレーキの構築も同時に進めることが成功の鍵となる。ブレーキとアクセルを同時に操るユベントスの経営陣を、チームを応援しつつ見守りたい。

□ ロンドン北部の兵器工場　アーセナルＦＣ

ロンドン北部に拠点を置くアーセナルＦＣ（Arsenal Football Club)は、プレミアリーグにおいて、１８８６年のクラブ創設から１２０年以上の歴史を誇り、その名称（Arsenal＝兵器工場）からガナーズ（砲撃手）の愛称で知られている。ＵＥＦＡチャンピオンズリーグに15年以上連続出場を続ける「ビッグクラブ」に数えられるクラブである。他のビッグクラブが買収やテレビ放映権の引上げ等によって「金満クラブ」化していく中で、健全な経営を継続していることでも知られている。

特に経営面にも多大な影響を与えているアーセン・ベンゲルが監督に就任した１９９６年以降、チーム内外に大きな変革をもたらしている。

中でも、ベンゲルは選手の獲得に関して「フィナンシャル・フェア」であることを強く意識しており、この新しいルールを歓迎する向きのコメントや巨額の移籍金を伴う移籍劇に関しては批判的なコメントを多く発信している。アーセナルでは、経営的に許される費用の枠内で、選手をやり繰りしており、すでに「フィナンシャル・フェア・プレー」という新ルールをクリアして運営されているともいえる。

アーセナルＦＣは、親会社のArsenal Holdings Plc. により保有されている。Arsenal

Holdings Plc. は、アーセナルＦＣを含めた12の小会社を保有しており、各社がグループの活動（スタジアム管理事業、スタジアム運営事業、グッズ販売事業、不動産事業　等）を担っている。

Arsenal Holdings Plc.は、上場会社であるが、ＦＴＳＥやＡＩＭといった公開市場での取引は行われておらず、ＰＬＵＳという相対市場でのみ株式取引が行われている。

Arsenal Holdings Plc.は、長期に渡りBracewell—Smith一族とHill—Wood一族により保有され、欧州のビッグクラブとしては、珍しくイギリス人のオーナーであった。

２００７年以降、その他の投資家も参画するようになり、現在は、米国人投資家Stan Kroenkeとロシア人投資家Alisher Usmanovが大部分を保有している。

【主要株主】

・KSE UK Inc.（Stan Kroenke）　66・83％

・Red&White Securities Ltd.（Alisher Usmanov、Farhad Moshiri）　30・00％

・その他少数株主　Arsenal Supporter's Trust等

□ 収益の柱はフットボール事業と不動産事業

当然のことながら、Arsenal Holdings Plc.の基幹事業は、本業のフットボール事業である。主な収入源は、ホーム試合の観客動員による収入、テレビ放映料、グッズ販売収入である。さらに事業の1つとして不動産事業を営んでおり、主なところでは、旧スタジアムのハイバリー跡地にマンションを建設し、それらを販売している。

近年では、アーセナルもマンチェスター・ユナイテッドと同様に前述の収益の柱に加え、新規のスポンサー獲得や、欧州圏外ファンに向けたグッズ販売、ネット放送等の事業の強化を進めている。また、Commercial事業の運営スタッフを大幅に増員しており、より優良なスポンサー企業の獲得等による収入が急増している。

これら以外にも、事業と呼ぶにはまだまだ規模は小さいが、スタジアムでのコンサートやフットボール国際親善試合の誘致等を行っており、収益源の多角化に努めている。

試合の勝敗、スター選手の移籍・怪我等に収入の源であるファンの感情が左右されるフットボール事業は、非常に不安定なビジネスであり、常に「最悪シナリオ」を意識しなくてはならない。経営サイドからすると、積極的な投資（スター選手の獲得等）に踏み切りにくい事業構造と考えられる。近年のアーセナルの動向から、ボラティリティの小さい安定的な複数の収益基盤の構築を進めていると考えられる。

いずれにしてもアーセナルは財務的な健全性を確保したうえでクラブ運営をする方針を重視する以上は収益規模の拡大を実現してコスト負担能力を向上させるしかない。そのため、新スタジアムを原動力にして多角的に収益の柱を強化していく施策を打ち出し、実現に至っている。

アーセナルの年別収入内訳　（単位：千GBP）

	2011年		2012年		2013年	
フットボール事業	196,054	77%	198,216	82%	196,862	70%
入場料収入	93,108	36%	95,212	39%	92,780	33%
テレビ放映料	85,244	33%	84,701	35%	86,025	31%
グッズ販売収入	17,702	7%	18,303	8%	18,057	6%
Commercial事業	28,621	11%	34,212	14%	44,365	16%
不動産事業	30,282	12%	7,684	3%	37,549	13%
選手移籍金	735	0%	2,901	1%	1,598	1%
合計	255,692	100%	243,013	100%	280,374	100%

□ 念願の新スタジアム建設① スタジアム建設・移転に向けた準備

サッカークラブ経営において、より魅力的なスタジアムを自前で持つことは、ファンや観客の満足度を高めるだけでなく、クラブの収益性やブランド力を高めるうえでも大きな意義がある。アーセナルにとって本拠地移転は、長年の夢であり、プレミアリーグ創設以来の長年の課題であった。収容人数・観客収入において、ライバルであるマンチェスター・ユナイテッドに大きく差を付けられていた。マンチェスター・ユナイテッドの本拠地オールド・トラフォードの８万６０００人に比較するとはるかに少ない３万８５００人ほどの収容力であった。双方とも人気クラブであるがゆえに収容力の差は動員数の差に直結しており、アーセナルは、２０００年初めの平均入場者数３万８０００人に対してマンチェスター・ユナイテッドは、７万人以上を誇る。その違いもマンチェスター・ユナイテッドと比較すると移籍市場での活動がおとなしかった原因の１つと考えられる。

例えば、２０００年初めの３年間でアーセナルが移籍市場で費やした約65億円は、当時、世界最高峰のＤＦといわれたリオ・ファーディナンド１人の獲得にマンチェスター・ユナイテッドが要した移籍金とほぼ同額である。１９９９年から候補地の選定や地域住民との折衝、資金調達等に奔走し、２００３年、90年以上もの歴史を誇るハイバリー・スタジアムから新スタジアムへの移転が決定した。

アーセナルは、新スタジアム建設・移転により、以下の意図があったと考えられる。

1. ハイバリー・スタジアムの改築・売却

スタジアムの一部が重要建築物に指定されているため、改築や取壊しに制約があったが、外観を維持したうえでマンションを建築し売却。

2. サッカー関連事業の強化

・スタジアムの収容力拡大

・トレーニング施設、アカデミーの強化

若手育成への投資を強化し、①有能選手の売却による資金の確保、②外部の有名選手獲得に頼らないチーム運営、により損益分岐点の低下を実現。

3. フットボール事業以外の事業の強化

これらのアーセナルの例をとってみてもわかるとおり、新スタジアムのあり方とクラブの経営方針、長期戦略は密接に関係していると考えられる。

□ 念願の新スタジアム建設② スタジアム建設・移転による変革

長年の折衝の末、アーセナルは、２００６年にエミレーツ・スタジアムへの移転を行った。以下のグラフのとおり、２００６年以降にフットボール事業の収入が大きく伸長している。

観客動員収入では、ハイバリー・スタジアムのときは、約３７４０万ポンドだったが、エミレーツ・スタジアムでは、９０００万ポンドにまで増大している。

一方で、これだけの大きな変革を起こすコストも甚大なものであった。新スタジアム建設に当たり、５億万ポンドの資金確保が必要となった。

国や自治体からの助成金が付与されなかったために、資金調達に至るまでには多数の大きな取組みが行われている。有名選手の売却、メディア企業からの出資、ユニフォーム・スポンサー契約の巻き直し、必要資金の増加に伴う各種プロジェクトの一時休止、必要資金確保のための追加債券発行等々、当時の動きを時系列で追いかけると綱渡りのプロジェクトであったことが伺える。

これだけの資金を確保するのは、アーセナルに限らずどのクラブでもスタジアム建設・移転における大きな課題であり、繰り返しになるが、建設にかかる資金調達を目的として

ＩＰＯを行ったクラブも多く存在した。

アーセナルは、あらゆる手段を講じて可能な限り資金を確保したといえるが、上場会社としての信用力と旧スタジアムのハイバリーを再開発・分譲する不動産事業により、独自の資金調達力を実現している。

スタジアム建設は大いなる決断が必要であるし、巨額な投資を伴うが、投資効果を十分発揮できれば、見違えるような収益向上を果たす原動力になるため、プロスポーツ・ビジネスにおいて検討すべき必須課題といえる。

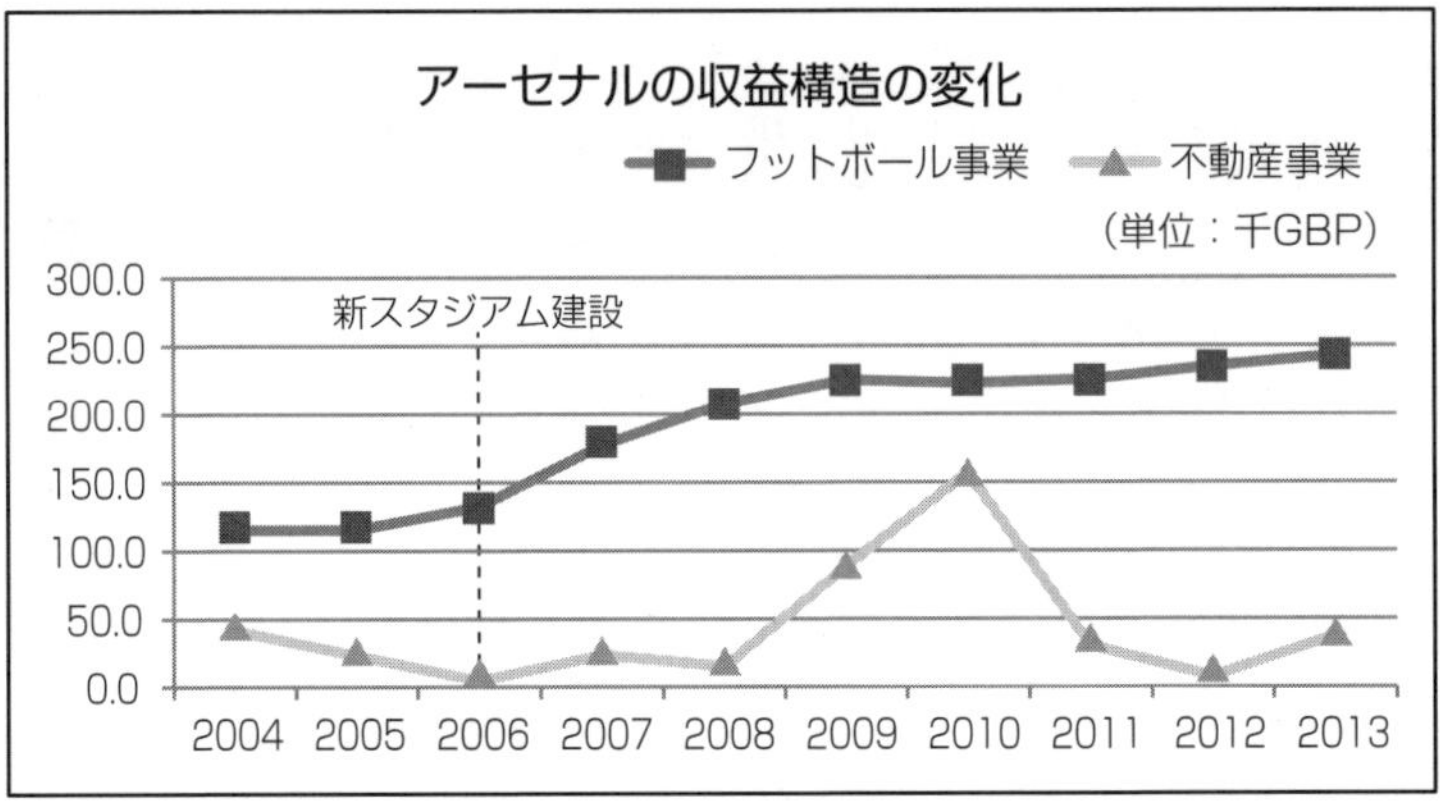

□ 念願の新スタジアム建設③　アーセナルに有益であったか？

新スタジアム建設により、事業の多様化・規模の拡大を実現し、収益は伸長してきているが、選手、グーナー（アーセナルファンの通称）が最も気になる点は、「チームはより強くなったのか？　より魅力的になったか？」である。グーナーにとっては、残念なことに、新スタジアムが経営面に与えたインパクトに反し、チームの成績は振るわない。事実、スタジアム建設が本格化した２００５年のＦＡカップ優勝以降の８年間、アーセナルは、国内外のあらゆるタイトルから見放されてきた。

前述のとおり、新スタジアム建設の膨大な借入を行った結果、新スタジアムへの移転以降も借入への返済が移籍市場での投資可能金額に大きな足かせとなっていると考えられる。

一方で、２００４年には、チェルシーをロシアの富豪であるロマン・アブラモビッチが、２００９年には、マンチェスター・シティをＵＡＥの投資グループがそれぞれ買収し、桁違いの補強を行ったことで、タイトル争いがさらに激化している。両チームと異なり、アーセナルは、財務的には健全な経営を維持していると評価できるが、２００７年〜２０１２年の５年間については運営資金の半分は、追加の設備投資、借入にかかる利息、借入の返済に消えている。これによって、選手補強が少なくなり成績不振に繋がった。

しかし、２０１０年～２０１１年に短期借入分の返済が完了したことで、今後は、一段と緩やかなペースでの返済分を残すのみとなっている。財務的に身軽になったため、選手の獲得にも積極性が見られるようになっており、２０１３年には、クラブ史上最高額でメスト・エジルをレアル・マドリードから獲得している。

アーセナルのスタジアム移転構想、それにかかる資金調達の多様化、スタジアム移転費用の確保に備えた選手獲得コストの抑制、スタジアム移転後の資金運営等を俯瞰して見ると、チームを強くしタイトルを獲得することが最大のミッションであるクラブ運営ではあるが、それと同時に健全な収益を安定的に長期的に生み出すことも継続的な事業展開を図るうえでは同等に重要なミッションである。クラブ経営を良好に保つためには、２つのミッションは密接な関係性があり、その舵取りが大事であると感じることができる。

なにはともあれ、アーセナルは念願の新スタジアムを手に入れ、２０１２年以降は財務的にも選手獲得に資金を使い、経営のバランスを取り戻しつつある。そして、グーナーにとっては、２０１２年以降、チーム強化に資金を投じた結果、長らく手が届かなかったＦＡカップのタイトルを９シーズンぶりに獲得したのである。最新かつ６万人収容できる本拠地を持ち、チーム力の向上も証明したアーセナルの今後の活躍に期待したい。

第６章

米国のプロスポーツ・ビジネス事情

米国は、世界の中でプロスポーツが最も盛んであり、ある意味でそれらが自国の「文化」、「産業」としてすでに定着している。国民に「文化」として根付くだけでなく、「産業」として事業展開し、収益面で最大限の結果を出すためのさまざまな仕掛けがあり、ビジネスとしても大きな成功を収めている。米国プロスポーツ・ビジネスの大きな特徴として、各球団・クラブの「共存共栄システム」や近年における「新スタジアム建設ラッシュ」などが挙げられる。これらについて米国４大プロスポーツリーグの中からＮＦＬとＭＬＢを中心に説明する。

小野坂　彰

□ 地域に根付く米国プロスポーツ

プロスポーツ・ビジネスについて考えるとき、米国のプロスポーツに関する状況の考察を抜きにして語ることはできない。米国はプロスポーツが世界で最も盛んで、国民に受け入れられ、ある意味「文化」として根付いている国であるといえよう。

米国でプロスポーツといえば、アメリカンフットボール（National Football League：ＮＦＬ）、野球（Major League Baseball：ＭＬＢ）、バスケットボール（National Basketball Association：ＮＢＡ）、アイスホッケー（National Hockey League：ＮＨＬ）が４大プロスポーツとして特に人気を博している。

４大プロスポーツ・リーグに所属するチーム数は１２２（ＮＦＬ：32、ＭＬＢ：30、ＮＢＡ：30、ＮＨＬ：30）に上り、全米各地の都市圏に本拠地を置いている。ニューヨークやロサンゼルスといった大都市圏のように４大リーグのチームが全て、しかも複数のチームが拠点を置いている地域もある。４大リーグの少なくとも１チームをフランチャイズとしている都市圏は40近くに上る。これら４大プロスポーツのある都市圏人口は全米人口の約半数に当たる。すなわち米国国民の２人に１人は「地元のプロスポーツ・チーム」を持っていることになる。

米国では、プロスポーツ・チームは、地元に雇用や税収といった経済効果をもたらすだけのものではない。また、単なる娯楽でもなく、劇場、映画館、公園、動物園、博物館や美術館と同じく「クオリティ・オブ・ライフ（生活の質）」を高めるために必要なものと捉えられている。そのため、「地元のプロスポーツ・チーム」を持ちたいと考えている都市圏は多いといわれており、その誘致活動も非常に積極的に行われている。

ただし、「文化」だからといってあぐらをかいているわけではない。そこはビジネスとして、しっかりと結果を出している。いやむしろ、良い意味でそうした社会的背景をビジネスに最大限利用して自分たちの利益につなげていこうとするしたたかさがある。

そのような特徴を持つ米国プロスポーツ・ビジネスについて、ここではＮＦＬとＭＬＢを中心に見てみることにしたい。

□ チームよりリーグを優先させ繁栄を勝ち取った米国プロスポーツ

われわれの目から見ると「弱肉強食」的な資本主義が徹底しているように思われる米国社会だが、プロスポーツの世界には意外にも「戦力均衡」という社会主義的な考え方がある。これは、戦力や資金力を持った特定のチームが常に上位にくるというのではなく、競争状態を作り出すことで魅力ある、エンターテイメント性が高まるリーグにしようという考え方である。次ページの表はこの考え方が最も進んでいるＮＦＬの戦力均衡制度の主な内容であるが、ＮＦＬでは戦力が均衡したチームによる競争状態が魅力的なリーグを作るという理念が設立当初からある。結果、ＮＦＬではスーパーボウルを３連覇したチームは１つもないなど、まさしく戦力が拮抗する状況となっている。また、収益面を見てもフォーブスのデータによれば、32チーム中31チームが黒字を達成している。決して、社会主義の実践ではなく、ビジネス構造の強化として考案された資本主義を追求した結果といえる。ちなみに、ＮＦＬほどではないにしても、ＭＬＢでも各チームの収益の一定割合を収入の低いチームに分配する収益分配制度、球団年俸総額の一定額超に課徴金を課す課徴金制度や全国放送のテレビ放映権をＭＬＢ機構が管理し、各チームに資金配分するといった戦力均衡策が採られている。このようにＮＦＬやＭＬＢでは個々のチームの経営上の裁量を制限してでもリーグとして共存性を重視する方針が採られており、ＮＦＬではチームのＩＰＯ（株式上場）も認めていない。これらは欧州サッカーなどとはある意味で対極的な考え方であるが、結果的に世界で最もプロスポーツ・ビジネスが成功している国の１つであることは紛れもない事実である。

　米国プロスポーツがこのような戦力均衡策で成功している要因の１つは、フットボールや野球がワールドワイドで盛んに行われているスポーツではないということ、すなわち自国でのリーグ繁栄を考えておけば良いという、全世界で人気のあるサッカーとは異なる環境にあることではないだろうか。また、ビジネスという目で見た場合も、米国ではこれが最も合理的なシステムといえるかもしれない。

　一方、サッカーの世界では、選手やファンだけでなく、スポンサーやオーナーまでも自身にとって魅力的かつ有利なチームを求めてグローバルに移動できるため、米国型の共存共栄スタイルではなく、個々のチームごとに独自にビジネス展開するのが自らの経営環境に沿った妥当なスタイルといえる。

NFLの主な戦力均衡制度

レベニューシェアリング	テレビ放映権、チケット収入の40%、ライセンスグッズ収入、スポンサー収入の収益をリーグ全体でプールし各チームに均等に分配。
サラリーキャップ	所属する全ての選手の年俸総額に一定の上限を設定。
ウェーバー制ドラフト	ドラフトの全ラウンドで前シーズンの最下位のチームから順番に指名。

□ 収益拡大を続ける米国プロスポーツ・ビジネス

リーグとしての共存共栄を重視する米国プロスポーツ・ビジネス。個々のチームの収益拡大は二の次かといえば、まったくそのようなことはなく、そこはビジネスとして飽くなき追求がなされており、実際、収益面でも大変な成功を収めている。その意味で共存共栄システムは米国プロスポーツ・ビジネスにとって最も合理的なシステムなのである。

次ページのグラフは１９９８年以降のＮＦＬ、ＭＬＢリーグ総収入の推移である。両リーグともこの15年足らずで3倍近い収益増となっている。この時期は２００８年のリーマンショック（世界的金融危機）とも重なることを考えると、驚異的な成長を続けていることになる。ＮＦＬコミッショナーのロジャー・グッデルは、「現在91億６７００万ドルの総収益を２０２７年までに2・7倍の２５０億ドルまで伸ばしたい」とまで公言する。

米国プロスポーツ・ビジネスの収益構造も欧州サッカーチームと同様、チケット収入などスタジアム関連収入以外にも、テレビ放映権収入やスポンサー・商品ライセンス収入といったものが柱となっているが、大きな比率を占める放映権収入と、収益増に大きな影響を与えた新スタジアム建設について次節以降で見てみたい。

なお、順調な成長を続けている米国プロスポーツ・ビジネスだが、死角がない訳ではない。その１つがリーグやオーナーと選手会との労使交渉決裂によるストライキやロックアウト（施設からの選手の締め出し）である。日本では馴染みがない（２００４年のオリックス・近鉄の合併に伴うプロ野球再編問題でのストライキがプロ野球史上初）が、米国ではしばしばこの問題が起こっている。これらはチケット収入減など短期的な経営への影響のみならず、長期的にはファン離れといったリーグ全体に影響を及ぼすリスクがある。今後の動向を日本でも注視する必要がある。

◆ＮＦＬ／ＭＬＢリーグ総収益の年度別推移

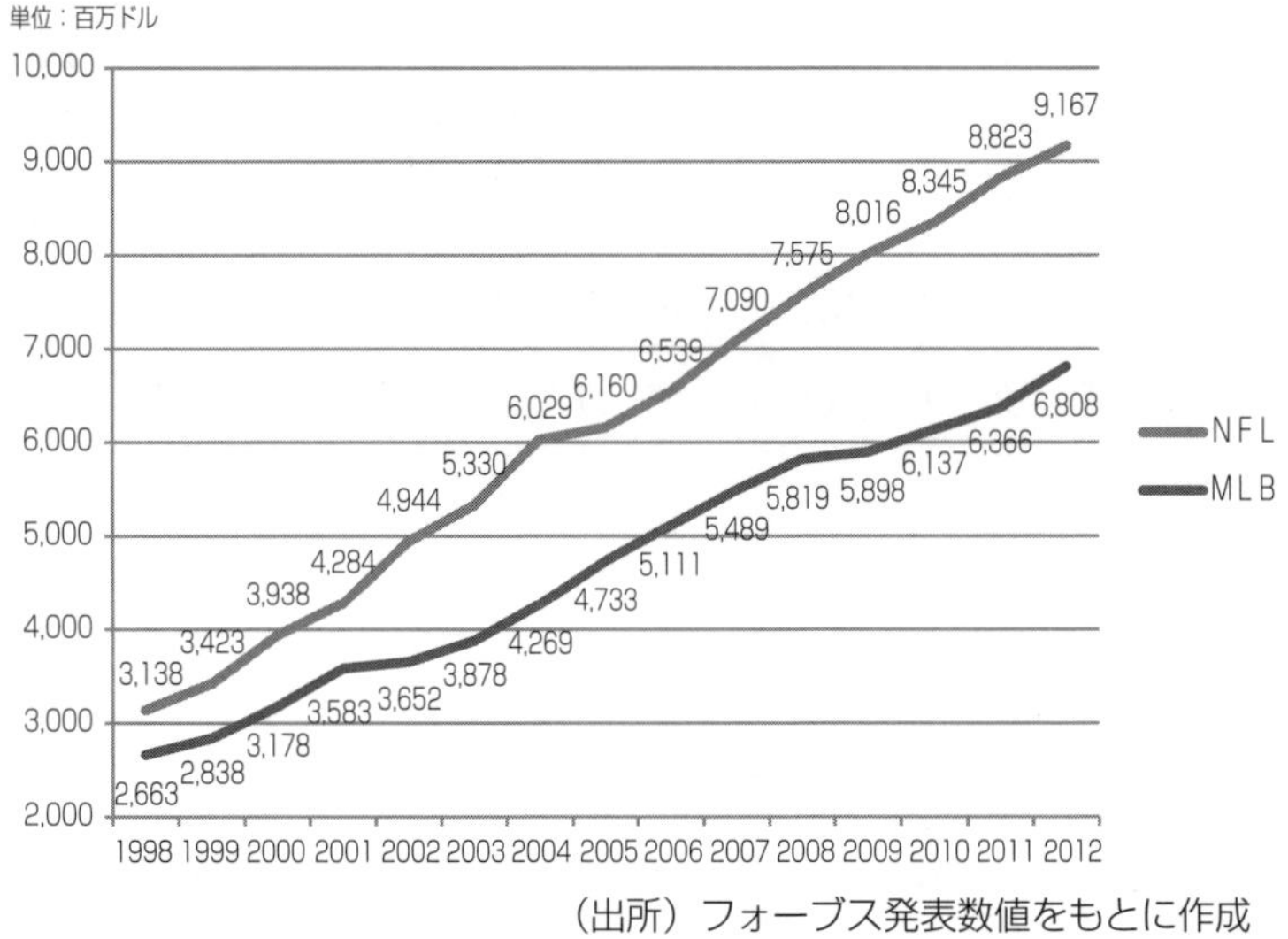

（出所）フォーブス発表数値をもとに作成

□ 圧倒的な人気とブランド力で稼ぐＮＦＬ

米国プロスポーツの中で、とりわけＮＦＬの人気は圧倒的だ。レギュラーシーズンの試合数で見るとたった16試合しかないにもかかわらず、前述のように大きな収益を稼ぎ出している。その秘密はどこにあるのか？

フォーブスが発表する最も高いブランド価値のあるスポーツイベントの第1位にＮＦＬのスーパーボウルがランクされている。一国のしかも単独のスポーツリーグのチャンピオン決定戦が、夏季オリンピック（第２位）やＦＩＦＡワールドカップ（第３位）といった世界的スポーツイベントを抑えた格好だ。スポーツイベントのブランド価値とはすなわちそれによって生み出される経済的価値といってもよい。スーパーボウルのテレビ視聴率は常に全米トップで40％を超え、１億人以上（米国民の２人に１人）が視聴する。当然、経済効果も莫大で、例えば広告収入は、30秒のＣＭ枠が３百万ドル以上ともいわれている。このスーパーボウルを筆頭にＮＦＬのゲームは視聴率ランキングでも常に上位を独占している。これだけの視聴率を確保し、しかもＣＭ等で確実に稼げるコンテンツはメディアにしてみれば喉から手が出るほど欲しい。ＮＦＬはこの人気と実績を背景に莫大な放映権料を得ている。地上波ネットワークのＣＢＳ、ＮＢＣ、ＦＯＸ、ケーブルＴＶのスポーツ専用チャンネルＥＳＰＮ、サテライトＴＶのディレクＴＶとの契約で年間放映権料は推定４０００億ドルを超えるといわれている。これは現在のＮＦＬ総収益の実に4割以上を占める水準だ。まさにＮＦＬは圧倒的な人気とブランド力で莫大な収益を手にした格好だ。

しかし、そのようなブランドを構築するには長い時間がかかる。１９６７年に第一回が開催されたスーパーボウルにしても長い歴史の中で、数々の名勝負やエピソード、スタープレーヤーの活躍などの積み重ねがあり、いつしかそれが伝説となり、ブランドが形作られてきたのだ。前述の高額ＣＭ料の話なども ある意味でブランド価値を向上させるエピソードといえよう（「プロスポーツとしてのブランド構築」については22ページを参照）。

なお、ここで1つ重要な点は、ＮＦＬの場合、テレビ放映権の管理を個々のチームではなくリーグとして行っているということだ。これは前述のとおり戦力均衡策としてのレベニューシェアリングとして行われているものであるが、結果としてＮＦＬとしての統一的な戦略に基づくブランド構築にも役立っていると考えられる。そして、交渉窓口も一本化でき、そのことが交渉力を高め、莫大な放映権料の獲得にも繋がっていると考えられる。

□ 新スタジアムの建設が収益に寄与

米国プロスポーツでは、ＮＦＬ、ＭＬＢ共に１９９０年代からスタジアムの建設ラッシュが起こった。１９９０年以降、約８割のチームが新スタジアムの建設あるいは改修を行っている。ボストン・レッドソックスの本拠地であるフェンウェイ・パークなど歴史的に見ても伝統のあるスタジアムなどを除いて、ほとんどがこの20年で建て替えられた格好だ。２０００年以降だけを見てもＮＦＬで12チーム、ＭＬＢで15チームが新スタジアムを建設している。理由としてはスタジアムが老朽化したこともちろんあるが、新スタジアムを建設することによる収益向上への期待が大きかった。実際、前述したとおりＮＦＬ、ＭＬＢ共に同時期にリーグ全体の収益を大きく伸ばしている。個別のチームで見てみよう。次ページのグラフは２００９年に新スタジアムを建設したＮＦＬのダラス・カウボーイズとＭＬＢのニューヨーク・ヤンキースのスタジアム建設前後の収益およびホームゲームの観客動員数の推移を表したものである。共にスタジアム建設３年前の数値を１００として指数化している。この数値を見ると新スタジアムの建設と相前後してチームの収益が大きく向上していることがわかる。ダラス・カウボーイズは新スタジアム建設1年後に前年の約１・５倍、３年後には約１・８倍に収益を伸ばしている。

◆新スタジアム建設前後の収益およびホームゲーム平均観客動員数の推移
— 建設3年前の数値を100として指数化 —

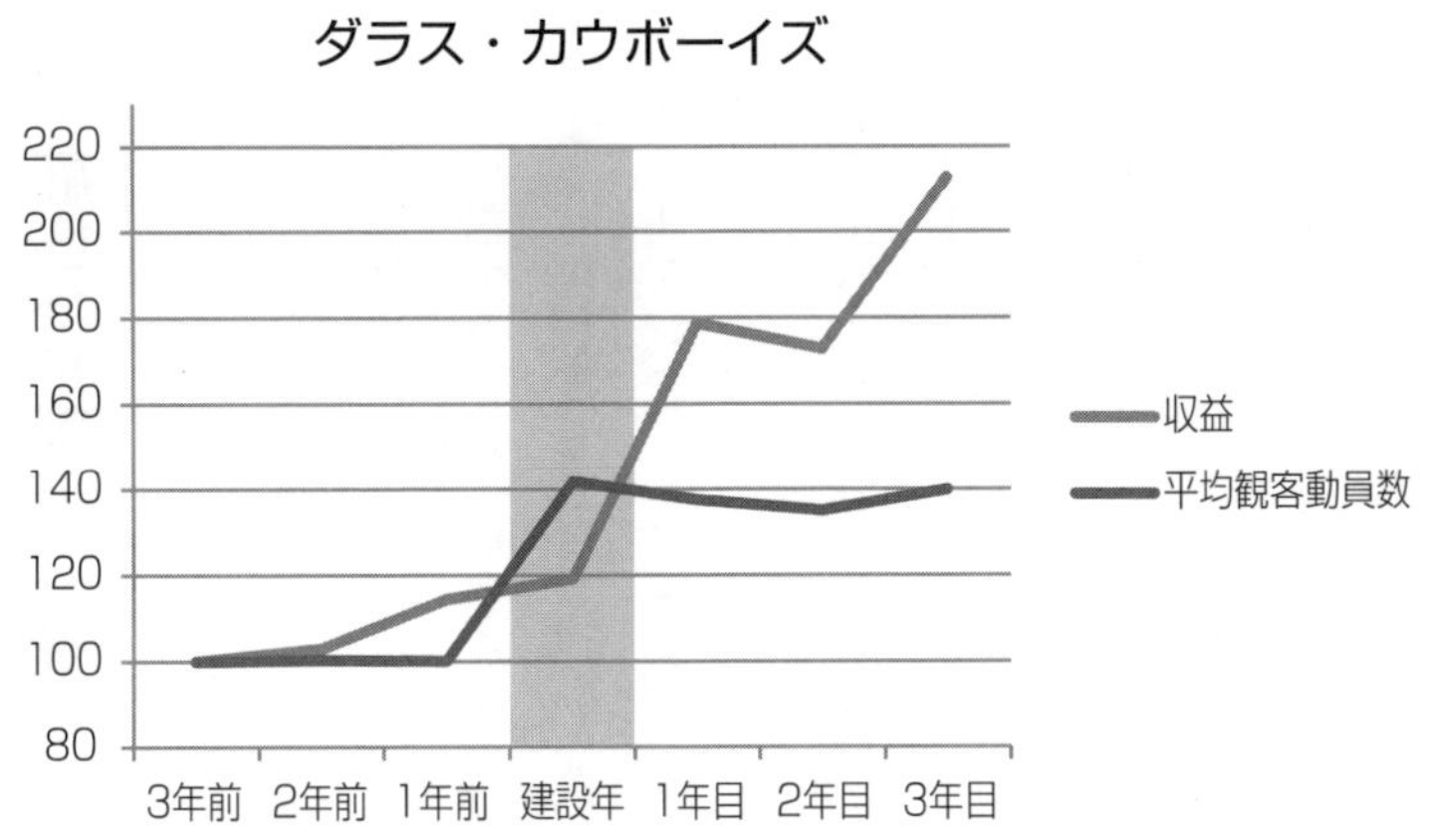

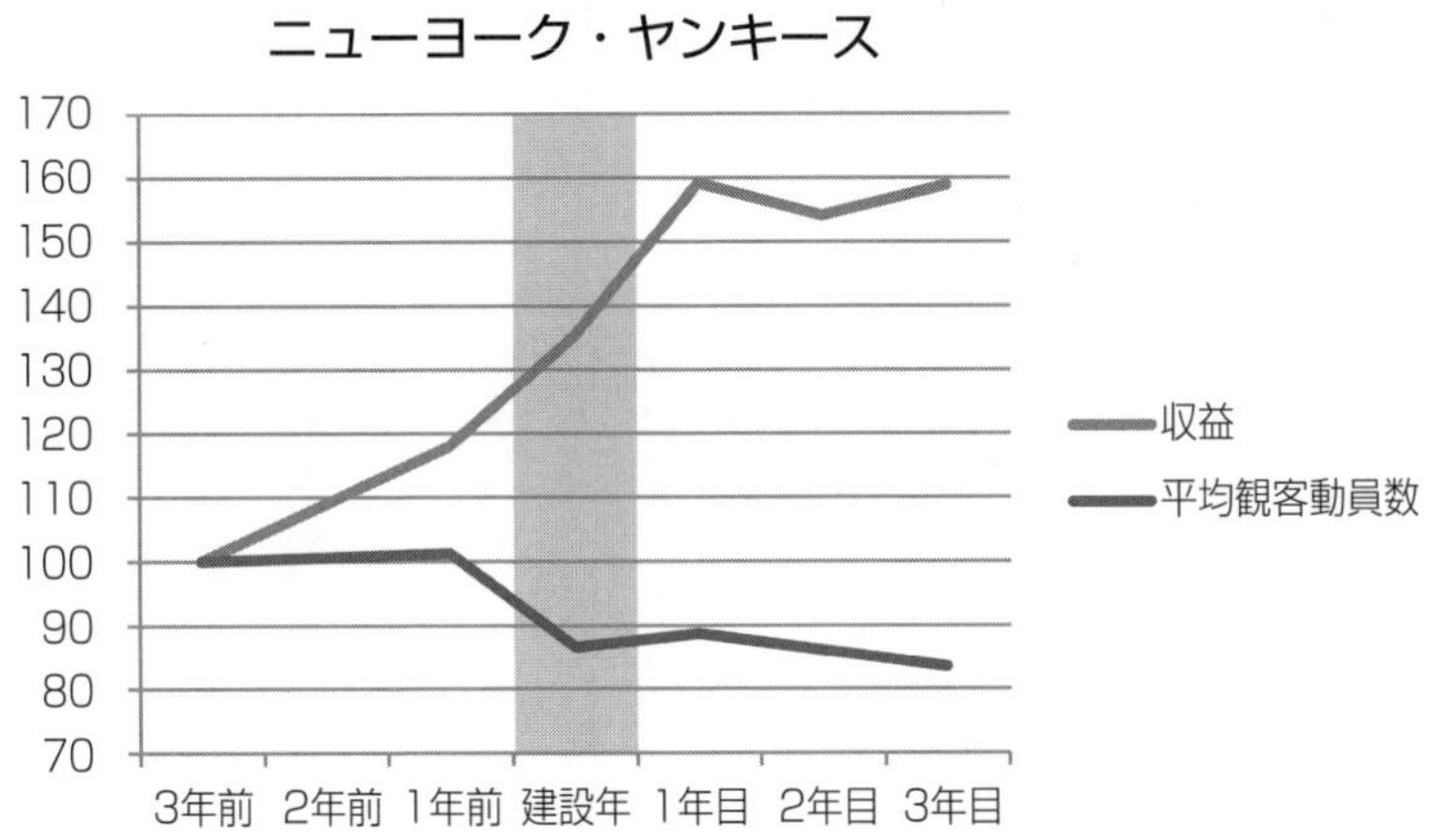

（出所）　収益：フォーブス発表数値　　平均観客動員数：ＥＳＰＮ
を基に作成

□ 2割の顧客が8割の収益を生み出す？

古くて汚いスタジアムが新しくきれいになれば、それだけでも観客数が増え収益もアップするということは誰でも想像がつくと思うが、実はこの間の観客動員数自体は前述の収益大幅アップを説明できるほど増えていない。前ページのグラフをもう一度見てみよう。新スタジアム建設で２倍近く収益をアップさせたダラス・カウボーイズも同時期の平均観客動員数は１・４倍程度しか増えていない。ＮＹヤンキースに至っては逆に観客数が減っている。実際、新ヤンキースタジアムの収容人数は旧スタジアムより減っている。

ではなぜ、新スタジアムの建設をきっかけとして収益が向上したのか？　その答えは、プレミアムシート収入に代表される長期固定的な収入の増加にある。プレミアムシートとはいわゆるＶＩＰ席のことで、クラブシートからラグジュアリースイートと呼ばれる個室形式の豪華版までバラエティに富んでおり、料金も手ごろなクラブシートの年間数百ドル程度から超豪華版ラグジュアリースイートの数十万ドルまでさまざまである。契約期間はさまざまだが、複数年契約になれば、まさに安定的収入ということになる。前述の新ヤンキースタジアムでは、実に６種類、全座席の１割近くを占めるプレミアムスイートが用意されており、専用のラウンジ、バーやレストラン、専用駐車場まで利用できる。全体の収容人数を減らしてでもプレミアムシートを作ることによって、そこを利用する一部の富裕層から大きな収益を得ようという考え方だ。ビジネスでは「売上の8割は2割の顧客によって生み出される。したがってこの2割の顧客に焦点を当てたサービスを行うほうが効率的である」という法則がある。このケースはまさにこの法則どおりといえる。実際、富裕層や中間所得層の中には、座席やトイレなどのファシリティの作り方や清潔さが一定レベル以上に達していないと足を運ばない人々がいることも事実だ。

　新スタジアム建設に伴って期待される長期固定的な収益としては、スタジアムのネーミング・ライツ（命名権）収入もある。日本でも一般的になってきているが、契約期間が長期になるため安定的な収入としては外せないものといえる。米国では、地方自治体がスタジアムの建設資金の大部分を負担し、その所有権を持つケースが多いが、そのような場合でも、契約交渉によってチーム側が営業権を獲得し、スタジアムのネーミング・ライツをチーム側が所有する場合も多い。また、スタジアムの広告収入や駐車場収入などもチーム側に入るようになっていたりもする。まさに、タフネゴシエーターがビジネスエリートとして多く存在する契約社会＝米国といったところである。地元チームを誘致したい自治体の意向を背景にしている面はあるものの、そこでは、ビジネスとしていかに有利な条件を引き出すかという、経営者のタフな交渉努力の成果であると考えられる。

□ 居心地の良い空間「ボールパーク」

テレビの大リーグ中継を見てお気づきの方も多いと思うが、米国の野球場は「スタジアム」ではなく、「××パーク」「××フィールド」という名称が多く使われている。いわゆるボールパークという考え方だ。そこには、野球場は単にゲームを観戦する施設ではなく、野球観戦を通じて心地良い時間を過ごす空間を提供するという考え方がある。では、ファンにとって居心地の良い空間とはどのようなものなのだろうか。具体的には、野球専用で、スタンドはグラウンドに近く、殺風景なフェンスなどはなく、傾斜をつけて観戦しやすい。グラウンドは天然芝で左右非対称。併設される建物も赤レンガ作りといった具合に球場全体としてクラシックな雰囲気を持っている。観客はボールパークに足を運ぶことで、「古き良き時代」の雰囲気の中で単に野球を観戦するだけでなく心地良い時間を楽しめるという訳だ。グラウンドや観客席の形状だけなく、ゆったりとくつろげるラウンジやレストラン、家族みんなが楽しめる数々のイベント開催などさまざまな工夫がなされている。

日本のプロ野球でもオリックスの本拠地であるグリーンスタジアム神戸を始めとして、千葉ロッテの千葉マリンスタジアム、楽天の宮城球場などボールパーク化を目指す動きがやっと始まったばかりである。

スポーツ観戦なのだから試合の中身が重要で、チームを強くすることが先決で、施設は二の次という考え方もあるかもしれない。どんなに粗末なスタジアムでも応援しているチームが勝てば気分も良いから、勝率１００％のチームはそれでも良いかもしれない。だが実際には、野球にしてもサッカーにしてもどんなに強いチームでも勝率はせいぜい６割である。３試合に１試合は負け試合である。寒い中、暑い中、時に雨の中、何もせずひたすら試合開始を待ち、兼用の陸上競技トラック越しに試合を観戦、あげくの果てにひいきのチームが負ける。せっかく来場してくれたファンにこのような苦労を強いて良いのだろうか。負け試合であっても常にそれなりに気分良く過ごせ楽しめる空間を提供し、繰り返し来場してもらう工夫をチーム力強化と並行してビジネス上は考えなくてはならない。

とはいえ、そのような自分たち仕様のスタジアムを自前で建設するための資金を調達するのはそう簡単ではない。新スタジアムの建設には莫大な費用がかかる。まして独特な仕様を持ったボールパーク的スタジアムや前述したプレミアムシートなど付加価値の高い設備を備えたスタジアムとなると建設費用はさらに高額となる。米国の事例では大都市圏では５億ドル以上になっている。また、そもそも自治体所有のスタジアムを借りている場合、自分たち仕様にすることはできるのだろうか。米国プロスポーツではどのように対処しているのか。それについては日本の球団・クラブにも参考になるので次節で述べたい。

□ 新スタジアムの建設費は地元自治体が負担

新スタジアムの建設には莫大な費用がかかるが、米国では地方自治体とチームが共同でスタジアム建設に投資する方式が一般的になっている。新スタジアムの建設が収益向上につながるメリットのあるチームと、地域経済の活性化、住民流入、治安向上といったメリットのある地方自治体という利害が一致する両者が資金を出し合う格好である。通常のビジネスにおいて5億ドルを超えるような巨額の投資をする場合、ＩＰＯや大規模な社債発行などによる資金調達が考えられる。実際、欧州のサッカークラブなどではそうしている。しかし、米国プロスポーツ・ビジネスでは前述した社会背景を基に自治体間の誘致競争に乗じた公的資金の活用が合理的であるようだ。

２０００年以降に建設されたＮＦＬ、ＭＬＢの新スタジアムの状況は次ページのとおりである。このデータを見ると自治体の建設資金負担割合は平均50%以上になっている。その財源は売上税やホテル税の増税などである。米国では地方自治体における徴税権の自由度が日本より大きい。では、この負担割合はどのように決まるのだろうか？　それは一言でいうならば、交渉における官民の力関係である。そこでは、地域活性化のため「地元のプロスポーツ・チーム」を誘致したい、他の自治体に移転されたくないと考える自治体に、移転をチラつかせるなどのプレッシャーをかけて資金を出させるチームという構図が見えてくる。その際、球団・クラブとしての知名度がプレッシャーの源泉になるので、やはりチームの強さ、人気に磨きをかけることが、スタジアム運営にも大きく影響することになる。

ちなみに、自治体負担率0%であっても固定資産税が免除される、チケット税が軽減されるなど、実質的に自治体が一定の負担をしているケースは多い。また、スタジアムの運営維持費用をどちらが負担するのか、施設賃借料の条件や前述のネーミング・ライツの所有権などが契約交渉により決められていく。スタジアムの仕様についても、前述のボールパークのように、ファンにとって魅力的で個性あるものにしなければならない。

まさにビジネスとして、自治体との交渉をいかに有利に進め、好条件を引き出せるかが重要になる世界といえよう。

2000年以降の新スタジアム建設の概要

	NFL	MLB
新スタジアム数	12	15
自治体負担率	平均51.5% (最大89%、最少0%)	平均59% (最大100%、最少0%)
平均建設費	5億8,600万ドル	4億3,800万ドル

出所：The Sports Facility Report (National Sports Law Institute of Marquette University) を基に作成

第7章

日本のプロスポーツ・ビジネス事情

日本のスポーツ界は、学校体育や実業団を中心に発展してきた。この学校教育や企業活動の一環としてのスポーツ活動は、欧米で主として余暇の楽しみとして展開されるスポーツとは似て非なるものといえる。この違いをきちんと議論しないままにプロスポーツも定着してきたため、現在でも体育とスポーツの元々の特徴がそれぞれ色濃く残っており、そのことがプロスポーツの発展、ビジネス展開上の弊害となっている事実も散見される。このような事実を踏まえ、日本のプロスポーツの歴史的変遷、主な特徴、メリット・デメリットなどを説明する。

西野　努

□日本スポーツ界の歩み

日本におけるスポーツは、長年、学校教育における体育（Physical Education）がベースとなっていた。近年でこそ、初めてスポーツに触れる機会は学校や幼稚園以外の場所が増えてきているが、戦前から1980年代までを考えると、学校体育の授業や運動会がスポーツに触れる最初の機会だった。そして、学校体育の延長線上に社会人スポーツ（企業スポーツ）が存在してきた。

年表からわかるように、野球界（学生野球を含む）は、東京オリンピックに関係なく、朝日新聞、読売新聞、毎日新聞、電鉄会社や映画制作会社といった企業のマーケティング活動（販促活動）と密接に関係しながら発展してきた。

一方、サッカーを含むその他のスポーツについては、1964年の東京オリンピック開催が発展の大きなきっかけとなっている。日本水泳界の活躍により、オリンピック後にスイミングスクールが日本各地に設立され、また、サッカー、バレーボール、バスケットボール、アイスホッケーでは、日本リーグが本格的にスタートする。

日本スポーツの経緯

1915	第一回全国中等学校優勝野球大会（全国高等学校野球選手権大会）
1924	第一回選抜中等学校野球大会（選抜高等学校野球大会）
1928	アムステルダム・オリンピックで初の金メダル獲得（陸上・三段跳び、水泳）
1929	第一回日米野球開催
1934	第二回日米野球開催
	大日本東京野球倶楽部（現　読売ジャイアンツ）設立
1936	第一回日本職業野球リーグ戦（7チーム）
1946	第一回国民体育大会開催
1950	プロ野球　2リーグ制スタート
1958	長島茂雄　プロデビュー
1959	※　首都高速道路公団設立（1962年から逐次開通）
1961	大鵬　横綱へ推挙
1964	東京オリンピック開催　日本は16の金メダルを獲得
	※　東海道新幹線開通
1965	日本初スイミングクラブ設立
1966	バレーボール日本リーグ発足
	アイスホッケー日本リーグ発足
1967	バスケットボール日本リーグ発足
1972	札幌オリンピック開催
1973	巨人　V9達成
1977	王貞治　世界記録樹立
1984	ロサンゼルス・オリンピックで日本は史上最多のメダル数32（金10、銀8、銅14）を獲得
1989	日本オリンピック委員会が日本体育協会から独立、財団法人化
1993	サッカー　Jリーグ開幕
1998	長野オリンピック開催
2001	スポーツ振興くじ（toto）販売開始
2002	FIFAワールドカップ開催（日韓共催）
2003	ジャパンラグビートップリーグ開幕
2004	アテネ・オリンピックで日本はメダル数37（金16、銀9、銅12）を獲得し史上最多数を更新
	プロ野球再編問題
	東北楽天ゴールデンイーグルス設立、新規参入
2005	プロフェッショナルバスケットボール　bjリーグ開幕
2011	日本体育協会・日本オリンピック委員会創立100周年
2012	ロンドン・オリンピックで日本はメダル数38（金7、銀14、銅17）を獲得し史上最多数を更新

□ 日本スポーツ界を発展させた１９６４年東京オリンピック

日本で初めてオリンピックが開催されたのは１９６４年だが、実はその20年以上前の１９４０年の第12回大会にも立候補し、開催が決定していた。しかし、第2次世界大戦の戦局の拡大と悪化により、１９４０年大会、１９４４年大会は中止となり、日本での開催も幻に終わった。オリンピックという貴重な機会を逃した日本のスポーツ界は、急速に進む戦後の復興と国内の気運、そして、スポーツ関係者の飽くなき努力により、１９６４年大会の招致に成功する。

１９６０年代といえば、日本の経済が急成長を遂げ、家庭生活には3種の神器（白黒テレビ・洗濯機・冷蔵庫）・新3種の神器（カラーテレビ・クーラー・車）が普及し、一般家庭の生活にテレビが定着し始めた時代だった。子どもの好きなモノが「巨人・大鵬・卵焼き」と形容されるほど、プロ野球と相撲がテレビで人気だったことがわかる。また、力道山の活躍によりプロレスも人気番組となっていた。

オリンピックのような大規模スポーツイベントを開催するとなれば、競技施設に加え、道路や公共交通等のハードが整備される。１９６４年東京オリンピックの場合、以下のような各種の体育施設と共に、経済の発展と歩調を合わせ、首都高速道路・東海道新幹線・

営団地下鉄（現在の東京メトロ）等が急ピッチで整備され、東京オリンピックの開幕に間に合うよう開通した。

　これらの体育施設は、現在でも、首都圏で開催される各競技の主なステージとなっていることを考えると、東京オリンピックの開催は50年経った今でも日本スポーツ界に多大なる影響を与えているといえる。

　オリンピックによって充実したのはインフラだけではない。ホスト国にふさわしい成績を残すため、さまざまな種目・競技の強化策が実施された。また、オリンピック開催後には、サッカー・バレーボール・バスケットボールなどの全国リーグ（日本リーグ）が設立され、これらのスポーツが日本中に普及していく大きな足がかりとなったことは前述のとおりであり、現在では多数の競技人口を全国で確保する状況にそれぞれが至っている。

オリンピック開催のために建設された主なスポーツ施設

- □　国立霞ヶ丘競技場
- □　秩父宮ラグビー場
- □　東京体育館
- □　国立屋内総合競技場（代々木競技場）
- □　渋谷公会堂
- □　駒沢オリンピック公園総合運動場・陸上競技場・体育館・バレーボールコート・ホッケー場他

（公益財団法人日本オリンピック委員会ホームページ
http://www.joc.or.jp/past_games/tokyo 1964/memorialplace/main.html）

□ 東京オリンピック（１９６４）を契機に根付いた日本スポーツ界

オリンピックを自国開催したことをきっかけにして、日本全体のスポーツ振興は一気に進んだといえる。そして、その後、札幌での冬季オリンピック（１９７２年）、長野での冬季オリンピック（１９９８年）も開催され、ウインタースポーツを含め、国民がさまざまなスポーツを楽しみ、世界的な選手も数多く輩出する欧米並みのスポーツ大国になった。

オリンピックの際に建設された体育施設、競技施設はその後の国際的な大会の誘致にも確実に貢献すると共に、オリンピックや国際的な大会で知名度の上がった競技は加速度的に普及した。例えば、スイミングクラブが日本全国に急速に増加したのは、東京オリンピックでの日本水泳陣の活躍があってのものだった。また、戦後の復興を目的に日本各地で毎年開催されるようになった国民体育大会も同様に各都道府県のスポーツ普及において影響を与えている。このように東京でオリンピックを開催したことは、日本のスポーツ界に多大なる影響を与え、スポーツ文化が根付いていく素地を作ったといえる。

今日の日本においては、世界で親しまれている主だった各種スポーツは多くの人の間で周知されていると共に、各地域に競技者がそれなりにいるスポーツ先進国になった状況といえる。

日本開催の主なスポーツ競技大会

1946	第一回国民体育大会
1958	アジア競技大会（夏季大会）第3回東京大会
1964	東京オリンピック
1967	ユニバーシアード　第五回東京大会
1972	冬季オリンピック（札幌）
1979	第二回FIFAワールドユース選手権
1985	ユニバーシアード　第十三回神戸大会
1991	世界陸上競技選手権大会　東京大会
1994	アジア競技大会（夏季大会）第12回広島大会
1995	ユニバーシアード　第18回福岡大会
1998	冬季オリンピック（長野）
2002	FIFAワールドカップ　日韓共催
2007	世界陸上競技選手権大会　大阪大会
2019	ラグビーワールドカップ（予定）
2020	東京オリンピック（予定）

□日本サッカー界の歩み（日本リーグ開幕とサッカーの定着）

東京オリンピック以前の日本サッカー界は、日本代表チームが１９３６年のベルリンオリンピックに初出場し、欧州の強豪国スウェーデンを３－２で下す活躍を見せるが、そのほかは特に目立った戦績はなく、戦中から戦後にかけては、オリンピックに出場さえできない状況であった。こうした中、東京オリンピックの開催が決まり、代表チームの強化の必要性を感じた当時のサッカー関係者は、ヨーロッパからプロのコーチを招聘することを決め、１９６１年、デッドマール・クラマー氏が日本代表コーチに就任した。

その結果、東京オリンピックではベスト８、続くメキシコオリンピック（１９６８年）では、ホスト国であるメキシコを3位決定戦で下して銅メダルを獲得し、世界の舞台で初めて表彰された。このクラマーコーチのアドバイスもあり、東京オリンピックの翌年の１９６５年から日本リーグ、つまり日本サッカーの「社会人リーグ」がスタートした。日本リーグは企業スポーツがベースとなっている。高度成長期で元気のあった製造業（その後グローバル企業へと成長）の企業チームがリーグに名を連ね、選手達もその企業の社員選手としてプレーした。

しかし、その後の国際大会では、活躍はおろか、出場さえもできない時代が続く。元J

リーグチェアマンである川淵三郎氏は当時を振り返り、この原因を「ある特定のエリート選手だけを強化した結果、一時的には国際大会への出場と銅メダルという結果が得られたが、その後の継続性がなかった」と語っている。

日本サッカーが低迷する中、日本リーグのプロ化の流れはすでに１９７０年代から始まっていたといえるが、70年代、80年代と日本リーグは継続していく。オリンピックでのメダル獲得は１９６８年に果たしているが、悲願であったワールドカップへの出場にはまだ数十年の時間を要することになる。ただ、その間、日本でワールドユース、ペレ引退記念試合、そして、世界一のクラブチームを決めるトヨタカップ（毎年開催）等、世界レベルの大会を間近に見るにつけ、日本サッカー協会関係者、代表選手などの間では、オリンピックやワールドカップへの出場の気運は刻々と高まっていくことになる。

さらに、２つのあるコンテンツが、後の日本サッカー界に多大なる影響を与えた。テレビ東京で１９６８年から放映された「三菱ダイヤモンドサッカー」と１９８１年に連載が始まった漫画の「キャプテン翼」である。

□ サッカー普及に一役買ったメディア・コンテンツ

「三菱ダイヤモンドサッカー」は、当時、海外情報は皆無に等しい時代にイングランドやドイツの国内リーグを放映していた唯一の番組であった。当時のサッカー選手やサッカー関係者はこの番組を通じて世界のトップレベルのサッカーに触れ、憧れを抱き、一歩でもこのレベルに近づきたいという想いを強めていった。トヨタカップのような世界レベルの大会や試合が日本で開催され、テレビでは毎週のように世界トップレベルのリーグ戦が観られるようになった。日本サッカーを早くそのレベルまで到達させたいとの熱い想いを当時のサッカー関係者が抱いたことは想像に難くない。

そして、１９８０年代に入ると、それまで野球マンガ一辺倒であった日本において「キャプテン翼」というサッカー漫画が一世を風靡した。この漫画が当時の少年たちに与えた影響は大きく、この漫画をきっかけにサッカーを始めたプロサッカー選手は数え切れないほど存在し、私もその１人である。それ以前は運動能力の高い少年は陸上か野球をする流れを変えたという意味で、スポーツ界に多大な影響を与えたといえる。

また、１９６０年代、７０年代に創刊されたサッカー雑誌（サッカーマガジン、サッカーダイジェスト等）もサッカー文化の発展を後押しした。

日本サッカーの歴史

1917	第1回日本フートボール優勝大会 （現・高校サッカー選手権大会）
1921	日本蹴球協会（現・日本サッカー協会）設立 第1回天皇杯全日本選手権
1929	国際サッカー連盟へ加盟
1936	ベルリンオリンピック出場
1964	東京オリンピック出場 日本サッカーリーグ開幕
1966	サッカー・マガジン創刊（ベールボール・マガジン社）
1968	メキシコオリンピック　銅メダル獲得 三菱ダイヤモンドサッカー放映開始（テレビ東京）
1977	ペレ・サヨナラゲーム・イン・ジャパン開催 第1回全日本少年サッカー大会
1978	第1回ジャパンカップ（現　キリンカップサッカー）
1979	FIFAワールドユース選手権開催 サッカーダイジェスト創刊（日本スポーツ企画出版社）
1981	第1回TOYOTA European / South American Cup 開催 「キャプテン翼」連載開始
1993	Ｊリーグ設立・開幕 U－17世界選手権開催
1994	ドーハの悲劇
1996	アトランタオリンピック出場（マイアミの奇跡）
1998	FIFAワールドカップ　フランス大会初出場
2002	FIFAワールドカップ　日韓大会共催・出場
2005	第1回FIFAクラブチャンピオンシップ トヨタカップ・ジャパン （現　FIFA クラブワールドカップ）開催
2006	FIFAワールドカップ　ドイツ大会出場
2010	FIFAワールドカップ　南アフリカ大会出場
2014	FIFAワールドカップ　ブラジル出場

□ ユニークなプロスポーツの誕生！「Ｊリーグ」始動

１９９３年に誕生した日本のプロサッカー・リーグ（Ｊリーグ）は、ワールドカップの開催と共に日本サッカー界の悲願であった。オリンピックやワールドカップ予選で常に立ちはだかるアジアの強豪である韓国代表チームに勝つためにも、国内リーグのプロ化は避けて通れないハードルとなったのだ。そして、幾多の困難を乗り越え、Ｊリーグは産声を上げた。１９８０年代のバブル経済の余韻が残る時期でもあり、Ｊリーグは開幕と共に大ブレイクし、日本国中を覆うブームを巻き起こした。この頃は、プロ・サッカーリーグとしては珍しく延長戦＆ＰＫ戦で勝敗をつける方式で、試合のチケットはどこでも入手困難なプラチナ・チケットになった。

当初10チームで始まったが、清水エスパルスを除く9チームは日本サッカーリーグ時代の企業チームがプロチームとして運営形態を変えたものであり、オーナーシップという点では、日本スポーツ界の特徴である企業スポーツ色を色濃く残した形での船出となった。クラブ運営の幹部やスタッフはオーナー企業からの出向社員、しかもその中には各企業チームの選手ＯＢが多く含まれた。プロスポーツ・クラブのマネジメントに全く経験をもたないスタッフが日々試行錯誤しながらクラブを運営していたといえる。まさしく、業界全体がＯＪＴ（On The Job Training）を実践していたといっていいだろう。

また、リーグの運営形態は、アメリカのプロスポーツで採り入れられているように、グッズ販売やチームユニフォーム、放映権等についてはＪリーグが一括管理し、各チームへ配分するという方式が採用された。始まったばかりのリーグとしては、この方式による運営が機能していたといえる。ユニフォームはミズノが一括でサプライし、応援グッズは〝Category 1〟というショップが全国各地にオープンし、独占的に販売した。オープン当初はどのショップも入場規制をかけるほどの大行列だった。

一方、選手の編成・獲得については欧州のプロサッカーと同様に自由競争であり、開幕当初は初年度の年俸上限もない状態だった。ドラフト制度やサラリーキャップを導入しない代わりに、初年度の支度金（契約金とはいわない）の上限を設ける（大卒５００万円・高卒３８０万円　１９９３年当初）程度であった。この頃の選手といえば、ジーコをはじめとして、ワールドカップで得点王になったガリー・リネカーや西ドイツ代表のピエール・リトバルスキーなどワールドクラスの選手（いずれも選手としてのパフォーマンスピークは過ぎた選手ではあったが）がＪリーグチームの一員としてプレーしていた。こうした経験豊かな世界のトップレベルの選手達とプレーできたことは、当時のクラブ運営スタッフにとっても、選手にとっても非常に大きく貴重な経験となったはずである。

□ 変革し続けるＪリーグ

Ｊリーグは、その後、年々チームを増やして行き、Ｊ２、２０１４年シーズンからはＪ３も加わり、拡大し続けている。その一方で、１９９８年には横浜フリューゲルスがオーナー企業（佐藤工業）の撤退により横浜マリノスに吸収合併されたり、同様にベルマーレ平塚も、フジタ工業が経営から手を引いたことにより株式会社と非営利法人（ＮＰＯ法人）で構成される市民クラブ「湘南ベルマーレ」に経営形態を変えざるを得なかったりという事件が相次いだ。その後、クラブ経営の健全化に向けて諸施策が打ち出された。主なものとしては、初年度の新人選手の年俸制限やクラブライセンス制度の導入等が挙げられ、「自立と継続」をテーマに地に足をつけた経営・運営に取り組むようになった。収入を増やし、支出を減らし、利益を追求するという営利企業としては当たり前の〝経営〟がようやく行われるようになったといえる。

第９章でも触れているが、プロスポーツ・チームは「社会の公器」でありながらも、営利企業として経営していかなければならないという非常に独特な存在といえる。しかも、地域密着というＪリーグのコンセプトの下、地域行政や地域社会と密接に関係を構築しながらも、ビジネスとしてはマーケットを拡大し、利益を上げていかなければ継続することができないために、数字にもシビアにならざるをえないという非常に難しい課題に取り組んでいるといえる。クラブ数も発足当初より増加し、各クラブでは特徴あるさまざまな取組みを実施しており、相互に良い取組みを参考にしながら各クラブとも変革を続けることになるであろう。

スポーツ分野を専門とする行政書士の谷塚哲氏は、ハイブリッド型スポーツクラブという運営スタイルを提唱している（下表参照）。すでに湘南ベルマーレは傘下の他競技や少年向けのサッカースクール事業、同様に東京ヴェルディ１９６９、セレッソ大阪などもアカデミー事業を非営利の下部組織としてＮＰＯ法人で事業運営している。

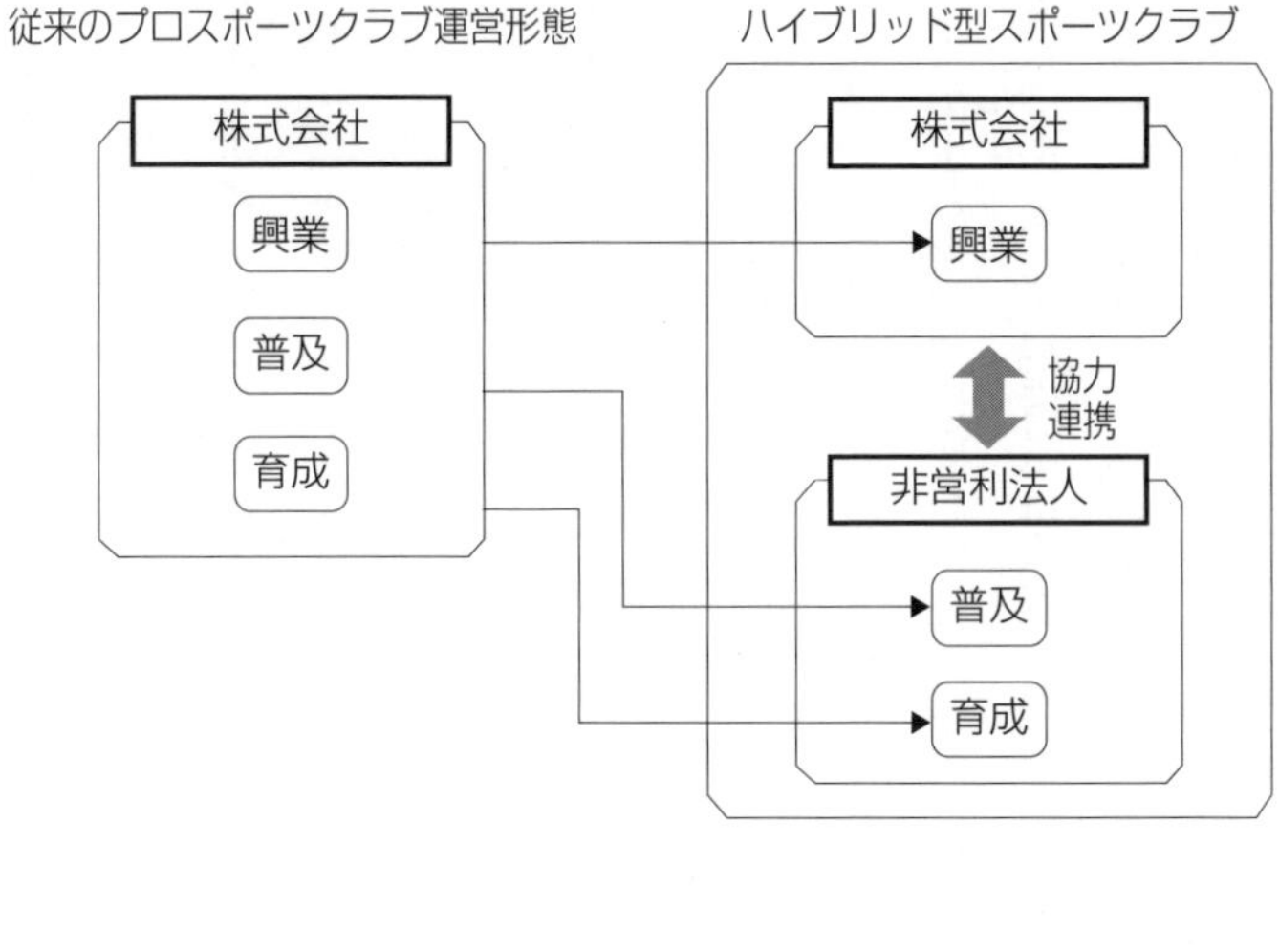

□メディア主導で発足した日本プロ野球（長く続いた巨人一強時代）

日本のプロ野球は、学生野球（日本中等野球大会）から始まり、企業スポーツであるプロ野球へとつながっていった。1915年に始まった全日本中等野球は春の大会が毎日新聞、夏の大会は朝日新聞が後援し、学生野球を紙面で扱えば売上部数を伸ばすという仕組みがこの頃から始まっていた。学生野球という新しく魅力あふれるコンテンツを取り逃した読売新聞が大学野球とプロ野球に目をつけ、日米野球を開催（1929年・1934年）して大成功を収めると、その後大日本東京野球倶楽部を設立し、プロ野球リーグの設立への流れができていくことになる。日本初のプロ野球チームが新聞社により創られたことが物語るように、日本のプロ野球は企業の広告塔としての役割がメインで始まった。

戦後の復興期から高度経済成長期に渡って、新聞社のほか、電鉄会社・映画会社等の経済的な繁栄を享受する企業が次々とプロ野球球団のオーナーとなっては変わっていった。当然ながらプロ球団の運営会社はオーナー企業の子会社であり、入場者数は水増し発表が当たり前、経営上の数字についても公表されることはなかった。プロ野球に対しては国も税制上の特例を設けており、企業名が球団名に入っている限り、「プロ野球球団に関する赤字は球団を所有する親会社の宣伝広告費で処理することができる」（国税庁　直法1－

１４７　昭和29年8月10日）とされている。このため、プロ野球球団はいくら赤字を出したところで、親企業の経営が健全である限り赤字を補填してもらうことができる。言い換えれば、売上を伸ばし、費用を削減するという経営努力をする必要がない仕組みを持ってしまったといえる。これは親企業があるＪクラブの多くにも当てはまる。

このようなスタイルでも人気スポーツとして継続してきた理由は、その時代背景が大きく影響したといえる。高度経済成長期とそこで登場した〝娯楽の殿堂〟テレビというメディアの普及である。テレビでは巨人戦・相撲・プロレスなどが人気コンテンツとなっていた。その中でも王・長嶋という稀代の二大スターが大活躍する巨人戦はお茶の間での定番番組となった。その後もプロ野球人気は根強く、読売ジャイアンツが唯一全国区の球団となり、放映権料についてもホームで巨人戦を行うことが各球団にとっての大きな収入源となる仕組みとなっていった。

しかし、野茂英雄投手がＭＬＢでプレーの場を得て活躍すると、日本人選手の実力が海外でも認められるようになり、イチロー・松井秀喜・黒田博樹・上原浩治・ダルビッシュ有・田中将大などの日本人選手が、その後次々と米国に渡るようになる。また、バブル経済の崩壊、Ｊリーグの成功等の影響により、日本プロ野球の球団経営やリーグ運営も人気の維持・向上のため変革せざるを得ない状況になってきている。

□日本プロ野球の変革期（地域密着型の球団経営の登場）

長らく続いた親会社企業の広告塔としての球団経営であったが、バブル崩壊、リーマンショックなどに端を発した日本経済の長期低迷の影響や放送メディア・コンテンツの多様化による視聴率低下傾向なども重なり、球団運営コストも聖域ではなくなり、もはや親会社へ過度に依存した赤字経営は成り立たない時代といえる。２００４年のプロ野球再編問題に端を発した東北楽天ゴールデンイーグルスという新球団の誕生は、プロ野球のあり方が変わらなければならないことを教えてくれた。また、福岡ソフトバンクホークス、千葉ロッテマリーンズなどのパ・リーグの球団を中心に親会社依存を脱し、球団そのものの経営改革を進めてきた結果、売上の多様化、増収を実現することにより親会社依存ではない「一企業」としての独立経営に移行してきており、地域密着を重視しながら、親会社をはじめとしたグループ企業とも相互にシナジーを高めるグループ経営が実践されつつある。

２０００年代に入ってから親会社名だけでなく、地域名も球団名に加えたチームが増えたことがそのことを表している。Ｊリーグに倣って地域密着という理念を掲げる球団が増えたのだ。巨人に頼った経営から自立経営へ、球団としてあるべき姿への変化が求められ、Ｊリーグの成功例を参考に地域を重視した球団経営が始まっている。

地域密着化するプロ野球球団名の変遷

＜2004年以降（プロ野球再編問題以降）＞

セントラルリーグ	パシフィックリーグ
読売ジャイアンツ	**北海道**日本ハムファイターズ(2004)
中日ドラゴンズ	**埼玉**西武ライオンズ(2008)
東京ヤクルトスワローズ(2006)	福岡ソフトバンクホークス(2005)
広島東洋カープ	**東北**楽天ゴールデンイーグルス(2004)
阪神タイガース	千葉ロッテマリーンズ
横浜ＤｅＮＡベイスターズ	オリックス・バファローズ

＜2004年以前＞

セントラルリーグ	パシフィックリーグ
読売ジャイアンツ	日本ハムファイターズ
中日ドラゴンズ	西武ライオンズ
ヤクルトスワローズ	福岡ダイエーホークス(1989)
広島東洋カープ	大阪近鉄バファローズ(1999)
阪神タイガース	千葉ロッテマリーンズ(1992)
横浜ベイスターズ	オリックス・ブルーウェーブ

第８章

日本におけるプロスポーツの運営スタイル

多くのプロスポーツが存在する中で、日本で人気を二分するのが、最も歴史がある「プロ野球」と、20年の歴史を積み上げ知名度を高めてきた「Ｊリーグ」だ。この日本における２大プロスポーツを取り上げ、プロスポーツを運営スタイルごとにカテゴライズすると共に、海外のプロスポーツとも比較しつつ、各カテゴリーの主な特徴、ビジネス形態、運営上の課題などを紐解き、さらにスタジアム運営と周辺事業の一体化についての問題点にも触れながら、プロスポーツ運営のあるべき将来像を示す。

西野　努

□ 日本のプロスポーツ・チームのカテゴライズ

ここからは、日本を代表するプロスポーツである野球とサッカーのチームを、マーケットの規模・オーナー企業のあり方を指標として、(1)全国的球団運営型、(2)オーナー主導運営型、(3)非オーナー・自主運営型の３つのグループにカテゴライズし、分析してみたい。

(1) 全国的球団運営型経営
地域密着を基本としながら、知名度・マーケットは全国区の球団・クラブ
〈読売巨人軍・福岡ソフトバンクホークス・浦和レッドダイヤモンズ・ガンバ大阪　等〉

(2) オーナー主導運営型経営
運営法人の株式過半数を個人・企業が保持し、実質的に支配している球団・クラブ
〈西武ライオンズ・阪神タイガース・名古屋グランパス・大宮アルディージャ・ＦＣ東京　等〉

(3) 非オーナー・自主運営型経営
支配力を持つ企業・個人が複数存在している球団・クラブ
〈湘南ベルマーレ・モンテディオ山形・ヴァンフォーレ甲府　等〉

(1)　全国的球団運営型経営

＜読売巨人軍・福岡ソフトバンクホークス・浦和レッドダイヤモンズ・ガンバ大阪　等＞

日本全国にファン・サポーターを抱え、マーケットとして日本全国をとらえているといえる。オーナーの財力を背景に高額年俸が必要となる有名タレント選手をもってチームを編成し、圧倒的な強さで成績・人気ともに国内でのトップを誇る。人気の背景には、成績だけでなく、歴史的なチームの成績・記録や伝説的な選手、その他さまざまなマイルストーンがある。業界を引っ張るリーダーとしての役割を期待される球団・クラブである。

(2)　オーナー主導運営型経営

＜西武ライオンズ・阪神タイガース・名古屋グランパス・大宮アルディージャ・ＦＣ東京　等＞

絶対的な支配力（株式の過半数保持）を持ち、人事権についても経営についても多大なる影響力を持つオーナー（企業・個人）を持つ球団・クラブ。財政的な安定というメリットを受けながらも、１つの意思決定が存亡を左右する可能性も持つ。スポーツというさまざまな結果を客観化することが困難な商品を扱うことと、ビジネスとして運営していくことのバランスを保つことが非常に難しい。親会社として行っているビジネスは一流であってもスポーツチームの運営についてはその経験が必ずしもうまく活かされないことが各球団・クラブの運営から見て取れる。

(3)　非オーナー・自主運営型経営

＜湘南ベルマーレ・モンテディオ山形・ヴァンフォーレ甲府　等＞

単独のオーナー（企業・個人）が存在せず、地域に密着し、多くのスポンサーや株主に支えられて存続・運営している球団・クラブ。財政的に不安定であり、マーケットの拡大にも苦労している。プロ野球球団やオーナー企業を持つＪリーグクラブとは違い、赤字はそのまま累積赤字となり次年度に引き継がれ、何らかの形で必ず利益を上げて穴埋めしなければ事業を継続していけないという厳しい（営利企業としては当たり前）環境で運営・経営している。

企業形態としても、下部組織をＮＰＯ法人化するなど、税制上・財政上のメリットが得られ、地域行政ともより良い関係を保つさまざまな工夫・努力がなされている。

□ 全国的球団運営型経営（カテゴライズその1）

地域密着を基本としながら、知名度は全国区の球団であり、読売巨人軍・福岡ソフトバンクホークス・浦和レッドダイヤモンズ・ガンバ大阪などがこれに当てはまる。この全国的球団運営型経営の典型例、成功例としてJリーグの浦和レッドダイヤモンズ（以下、浦和レッズ）に焦点を当ててみたい。

いうまでもなく、浦和レッズは日本で最も多くのサポーターを抱えるサッカークラブである。浦和レッズの場合は、さいたま市（旧浦和市）というホームタウンが歴史的にサッカーどころであったことや、１９９３年Jリーグ開幕時の10チームに名前を連ねていたこと、そして最初の10年間は結果が出ず鳴かず飛ばずであったことも却ってファンの団結力を生み、人気を博す原因となった。さらに、浦和レッズを語る際に忘れてはいけない要素が、サポーターの存在だ。毎試合スタジアムに訪れる人の数だけでなく、90分間止むことのない熱狂的な応援や、スタンドで鮮やかに浮かび上がるコレオグラフィー（次ページ写真参照）は、クラブの名物になっている。スタジアムを訪れる人々の感想は、試合の内容や選手の活躍だけでなく、〝スタジアムの雰囲気〟に対して驚き、感動したというものが少なくない。このスタジアムでの体験が浦和レッズの１つの商品価値になっているといえる（フランス紙“So Foot”が、世界のサポーター10選にアジアから唯一浦和レッズのサポーターを選定）。また、小さなライブハウスが点在する浦和は元々音楽が根付いている街だった。そこで、浦和レッズが誕生したときにどうやってスタジアムを盛り上げるかということを考えたときに、「ライブハウスのようなスタジアムにしたい」という初期のサポーターリーダー達の発想が独自の応援スタイルを形作ったといえる。

□国内ビッグクラブに成長した浦和レッズ

1993年のJリーグ開幕から、2003年のナビスコカップ初優勝まで、10年間鳴かず飛ばずであったチームがどうしてビッグクラブの一員となったのか？　それにはいくつかの要因があるが、主なものは次の4点だと考えられる。

①　埼玉スタジアム2002の誕生

やはり、この6万3700人収容のサッカー専用スタジアムの存在が大きい。それまでは、2万1500人収容の浦和駒場スタジアム（旧駒場スタジアム）ですべてのホームゲームを開催していたが、チームは優勝争いをしなくても、降格しても、常に満員のファン・サポーターで埋め尽くされていた。ワールドカップの開催に合わせて埼玉スタジアム2002が建設され、浦和レッズがホームスタジアムとして利用するようになると、今までチケットを買いたくても買えなかった人々がスタジアムへ来るようになり、入場者数は年々増えていくことになった。浦和レッズの入場者数の推移と新スタジアムとの関係は次ページの表のとおりだが、これを見ると他のJクラブとの差は歴然としている。

浦和レッズ入場者数推移

年	浦和レッズ	Ｊ１平均	年	浦和レッズ	Ｊ１平均
1993	11,459	17,976	2003	28,855	17,351
1994	18,475	19,598	2004	36,660	18,965
1995	19,560	16,921	2005	39,357	18,765
1996	24,329	13,353	2006	45,573	18,292
1997	20,504	10,131	2007	46,667	19,081
1998	22,706	11,982	2008	47,609	19,278
1999	21,276	11,658	2009	44,210	19,126
2000	16,923	11,065	2010	39,941	18,482
2001	26,720	16,548	2011	33,910	15,797
2002	26,296	16,368	2012	36,634	17,566

入場者数の増加と新スタジアムの関係

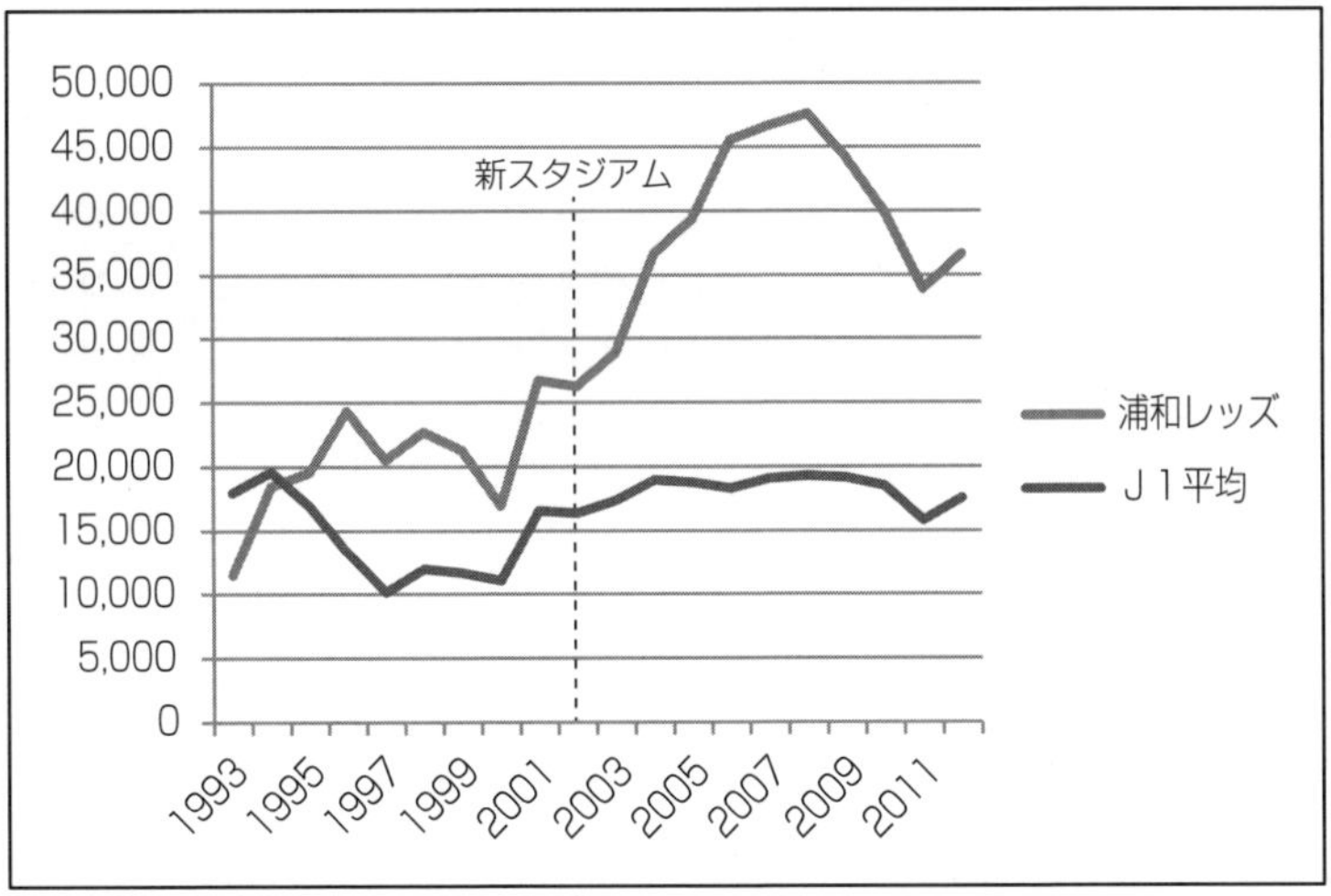

② チームの強化

スタジアムの収容人員の大幅増に伴い、入場料収入が増加し、その増えた経営資源（カネ）をクラブは優れた監督や選手の獲得コストに注入していった。最も大切な商品の価値を上げるべく、経営資源の配分がされたということだ。そのタイミングで、ハンス・オフト監督が就任し、若く才能豊かな選手達が新加入・移籍加入し、チームは基礎を築きながら徐々に強くなっていく。プロ・サッカークラブとして、マネジメントの〝正のスパイラル〟に入っていったのだ（下表参照）。そして、その後は監督に就任したギド・ブッフバルト氏の下、黄金時代を迎えることになった。

浦和レッズ売上・チーム順位

（単位：百万円）

年	順位	売上	年	順位	売上
1993	10	2,641	2003	6	4,282
1994	12	3,733	2004	2	5,559
1995	4	3,952	2005	2	5,805
1996	6	4,069	2006	1	7,078
1997	10	3,686	2007	2	7,964
1998	6	2,907	2008	7	7,091
1999	15	2,749	2009	6	6,432
2000	J2	2,827	2010	10	5,625
2001	10	3,679	2011	15	5,382
2002	11	3,426	2012	3	5,353

③　損失補填契約の解除

損失補填契約があれば、球団が赤字を出しても親会社が穴埋めしてくれる。そのため、一般的な企業に求められる「収入を増やし、支出を減らす」という当たり前の経営努力が必要ない。しかし、親会社依存の状況では、真の地域密着やクラブの継続性が実現しないことから、浦和レッズは損失補填契約を解除し、２００５年より独立採算制度を採り入れた。浦和レッズは、まさに普通の株式会社同様、退路を断って自立経営（独立採算制度）に踏み出したのだ。

④　スタジアムの雰囲気を最重要視した試合運営とチケッティング

前述したように、浦和レッズの売りの１つはスタジアムでのサポーターやファンが醸し出す雰囲気である。クラブは、サポーター・ファン達が作り出すその雰囲気を壊さないように、そして、応援しやすいように、試合を運営し、そしてチケットの販売もしている。そうした、クラブとサポーター・ファンの協力があってこその試合時における素晴らしい応援とスタジアムの雰囲気が作り出されている。

□ 自主独立の道を選んだ浦和レッズ（プロサッカーの新たな形が誕生）

オーナー企業を持つプロ野球やＪクラブは例に漏れずオーナー企業との間で損失補填契約を結んでいる。前述のとおり、損失が出てもオーナー企業が補填してくれる仕組みだ。

プロ・サッカーの場合、ユニフォームの胸スポンサーの価値が最も高いが、そこにオーナー企業の会社名や商品名などが入る。スポンサー料の金額が公表されておらず、金額の増減は容易にできる。また、野球の場合はチーム名に企業名を入れることが損失補填の条件になっているが、サッカーの場合はオーナー企業の商品名（ブランド名）をユニフォーム等に露出することで、企業名をチーム名に入れなくても、オーナー企業からの補填を受けられることになるが、浦和レッズはこの契約を解除し、独立採算に移行した。

独立採算制度の利点は、自立した継続性のある経営が可能になるということだろう。１枚のチケットの売上がそのまま会社の売上に反映され、経費削減という努力がそのまま経営数値に反映される。一方で、万が一財政的に困難な状況に陥った場合、誰が責任をとってくれるのかという点は非常に不明確で、財政難からクラブが消滅する可能性も出てくる。これは一般の企業経営では当たり前のことだが、日本のプロサッカー界では決して当たり前ではなかったことだ。

さらに浦和レッズは、株式の過半数を保有するオーナー企業（三菱自動車工業株式会社）から買い戻し、自社株比率を上げようとする動きも見せていた。

こうしたリスクを負うことで、浦和レッズは日本だけでなくアジアのリーディングクラブという地位を築いてきた。近年こそ、ＡＦＣチャンピオンズリーグでは中国や韓国のクラブに後塵を拝しているが、浦和レッズのようなチームがアジアを牽引していくことで、日本のサッカーもアジアのサッカーも発展していくことになる。

今後の浦和レッズには、Ｊリーグでの優勝はもちろんのこと、常にアジアで優勝を争うクラブ作りに取り組み、日本だけでなく、アジアのサッカーレベル向上にも一役買ってもらいたい。ピラミッドのトップに位置するクラブがどんどん高みを目指すことで、ピラミッドの面積（マーケット）を広げていくことになる。その使命を浦和レッズは負っている。欧米のプロスポーツ・ビジネスと同様の経営に移行できるか、今後注目したい。

□ オーナー主導運営型経営（カテゴライズその2）

このスタイルは、日本のプロスポーツの一般的な形といえる。責任企業（オーナー企業）がチームを資金的・人事的に支配するスタイルであり、西武ライオンズ、阪神タイガース、名古屋グランパス、大宮アルディージャ、FC東京などが当てはまる。

日本のサッカー界は、企業スポーツ（アマチュア社員選手）という形から、プロスポーツ（プロ選手）へと変化したが、企業がそのチームを支えている構図は変わらない。

1998年に横浜フリューゲルスが事実上消滅したのは、オーナー企業の1つであった佐藤工業が本業の方で財政的に苦しくなり、チームの支援から手を引いたことが理由だった。このように、オーナー企業に〝おんぶにだっこ〟の運営スタイルでは、そのバックアップがなくなった時点でチームの存続が危うくなるというリスクを常に抱えている。そうなる前に、プロスポーツの球団・クラブは自主運営を目指すべきである。

オーナー主導運営型経営にカテゴライズされるプロスポーツ・チームの特徴としては次の4点が挙げられる。

1. 豊富な資金力でチーム編成・強化ができる。

2. 社長はオーナー企業からの出向であり、2~3年に一度変わる。

3. 収支が毎年0に近い。親企業から赤字になるコスト見合いを広告料などで補填してもらうため、広告料収入の割合が多い。

4. 非オーナー・自主運営型経営との戦力均衡が保ちにくい。

Ｊクラブの主要株主構成の例

Ｊクラブ	主な株主
浦和レッズ （全国的球団 運営型経営）	三菱自動車 さいたま市 埼玉県 スポンサー27社
ガンバ大阪 （全国的球団 運営型経営）	パナソニック 関西電力 大阪ガス 西日本旅客鉄道
名古屋 グランパス （オーナー主導 運営型経営）	トヨタ自動車 中日新聞社 ＪＲ東海 中部電力　ほか
大宮 アルディージャ （オーナー主導 運営型経営）	NTT東日本 NTTドコモ NTTデータ NTTコムウェア　ほか
ＦＣ東京 （オーナー主導 運営型経営）	東京ガス 東京電力 JX日鉱日石エネルギー 清水建設　　ほか

各Ｊクラブの業績データの例　　単位（百万円）

	年間売上（2011）	広告料収入	広告料／売上	入場料収入	入場料／売上	チーム人件費
浦和レッズ	5,382	1,821	34%	1918	36%	1,886
ガンバ大阪	3,817	1,739	46%	597	16%	2,010
名古屋グランパス	4,396	2,136	49%	814	19%	2,167
大宮アルディージャ	2,775	1,924	69%	325	12%	1,314
ＦＣ東京	3,334	1,336	40%	551	17%	1,427

□ オーナー主導運営型経営の功罪

4つの特徴をそれぞれもう少し掘り下げて経営における功罪について述べてみる。

1．豊富な資金力でチーム編成・強化ができる

億単位の資金（時には10億円以上）をオーナー企業から宣伝広告費という名目で受けられるため、こうしたチームの運営母体は規模も大きく、資金力を背景にチーム強化にも取り組める。オーナー企業も、プロスポーツ・チームを持つことで、宣伝効果・イメージアップ・実際の販売促進、グループの強化など、多くのメリットが得られることは間違いないが、果たして毎年数億円、時には10億円を超える支出の価値があるかと問われると必ずしもそうではない。また、歴史的な経緯や将来投資等の意味合いもあり、単年度の拠出額をそのまま評価することも難しい。ただし、1ついえることは、球団運営側は、頼りになる親企業が存在すれば、ある程度の安心感をもって運営に当たることができるということだ。逆にいうと、慢心につながる可能性も多々ある。

2．社長はオーナー企業からの出向が多く、2～3年に一度変わる

球団運営会社の代表取締役のバックグラウンドはチームによってさまざまだが、ある程度の任期をもって、オーナー企業から派遣されてくる。もちろん、サッカーのサの字

も知らない人もいれば、自ら手を挙げて就任する人もいる。そして、数年の任期が終わると、オーナー企業へ戻る人が少なくない。継続的事業展開の点で課題が残る。

3. 収支が毎年0に近い

プロスポーツ・チームで毎年のように収支が0に近いということは、損失をオーナー企業が補填している証拠だ。また、利益を出すということは、チームがより多く勝つための必要コスト（有能な監督や選手の人件費、移籍金の支払い、施設改修費など）をかけていないというレッテルに繋がる風潮が日本のプロスポーツ界全体としてあり、真のマネジメントを行いにくい傾向がある。こうした運営が続く限り、内部留保を有効活用した自立経営という道は閉ざされているといっても過言ではない。

4. 非オーナー・自主運営型経営との戦力均衡が保ちにくい

欧州で導入された前述の「フィナンシャル・フェア・プレー」というルールは赤字経営を原則認めないため、収益力がないと人材強化コストに限界が生じる。仮に日本でも同様なルールが採用された場合、オーナー主導型の球団は、常勝チームを作るために必要な人件費水準に応じて、例えばスポンサー料などを操作し、赤字を回避するようであれば、非オーナー型の球団より有利に優秀な選手、監督を獲得できることになるので、チーム戦力の均衡が保てない可能性がある。

□ 非オーナー・自主運営型経営（カテゴライズその3）

支配力を持つ企業・個人が複数存在している球団・クラブであり、湘南ベルマーレ・モンテディオ山形・ヴァンフォーレ甲府などが当てはまる。Ｊリーグの百年構想の精神に近い運営を体現しているクラブがこのカテゴリーだといえる。

地域と密接な関係を持ち、地域を最も大切にし、地域の企業にサポートしてもらうことで成立・継続していくスタイルだ。Ｊリーグが発足して20年が経ち、地元チームは地域の人々に認識され、より多くの人々に愛されるようになってきたことは間違いない。しかし、経営的な自立という観点では、まだまだ足下が安定していない。それは、収入が安定しないことが理由の1つとなっている。元々、人口集積度が低い地域では、まだまだファンベースが小さく、十分な入場料収入が見込めないチームが多々ある。また、地域社会を基盤とする企業の売上とそこから捻出できる広告宣伝費にも限界がある。実際、地方都市をホームタウンにするJリーグクラブは売上を伸ばすことに苦労している。

サッカーが文化として根付いている国では、地域の生活スタイルがサッカーを通じて成り立っているからこそ、サッカークラブはサッカーを通じて地域にさまざまな形で貢献するという構図が成り立っている。地域社会も、地域住民に注目されているサッカークラブだからこそ成し得る地域貢献、ボランティア活動、地域活性化策への協力などを地元のプロ・サッカークラブに頼っている。クラブ側も地域での存在感が高まることで、入場料収入をはじめとした収益の増加が見込め、経営の安定化を図ることができるというように、自治体との間ではお互いに持ちつ持たれつという関係が成り立っている。

一方、日本はどうか。地域密着とのコンセプトの下、サッカーの普及活動や学校での授業実施など、地域に貢献する努力は継続しているが、その成果が表れるには、10年単位での長期的な視野が必要になり、実質的にはクラブ運営に不可欠な条件となっている。スタジアムや練習グランドの利用について行政側に優遇してもらうこととのバーターになっているといえる。日本の運動施設は、行政や学校等が所有していることがほとんどだからだ。

地域密着だからこそ、地域のスタジアム等が優先的に利用させてもらえるというメリットを享受できる一方、前述したように、限られたマーケットでのビジネスでは、爆発的な発展は望めない。また、資金集めを第一として考えた場合には、クラブイメージ、ブランディングにマイナスとなるスポンサー企業を受け入れるリスクが生じるジレンマもある。

Jリーグが開幕して20年たった今でも、サッカーというスポーツはまだまだ〝誰もが観るスポーツ〟としては本格的に定着していない。このため今後は、入場者数だけでなく、放映権、広告、グッズなど全ての面で売上を伸ばしていく必要性がある。

□ 先人の知恵を生かしつつも独自の運営スタイルを目指せ！

　マーケット規模や地域密着というキーワードを語るうえでは、Ｊリーグの方針も併せて考えておかなければならない。２０１３年シーズンで40チームとなったＪリーグ（Ｊ１：18チーム、Ｊ２：22チーム）。２０１４年シーズンにはＪ３が新たにその下位リーグとしてスタートした。また、Ｊリーグはプレーオフの導入やアジアとのリーグ提携等、リーグとしての魅力を高めていくことにも取り組んでいる。

　しかし、例えば入場者数が浦和レッズとほぼ同じ3万人規模のクラブであるプレミアリーグのウエストハム・ユナイテッドの収入構造とＪクラブを比較すると（次ページ参照）、放映権料が日本とは比べものにならないくらい多いことがわかる。これは、リーグ自体の魅力に対する対価であり、リーグが魅力あるものになれば、所属するクラブもその恩恵にあやかることになる。このため、Ｊリーグとして取り組むべきことは多い。チームを増やし、リーグを拡大していくと同時に、どのようにしてリーグの魅力を増していくかがＪリーグとしての課題となる。

　プロ野球のように、チーム数も増やさず、戦力均衡策（ドラフト制度等）を採りながら共存共栄していくというスタイルも1つのやり方である。実際、日本のプロ野球はこのスタイルで継続してきているし、今でも大きなビジネスとなっている。一方のＪリーグはチーム数を拡大し、戦力均衡策も採り入れず、自由競争という環境作りをしてきているが、その影響で慢性的な戦力不足により勝てない負のスパイラルに陥っているクラブもたくさんあるのが現状だ。

まだ、サッカーが真の文化として定着していない日本では、各クラブに自立を促しながらも、まだまだ財政的にも人材的にもサポートが必要な段階だ。

このような状態を打開するためには、3、5、6章でも取り上げた欧米のプロスポーツ・ビジネスを経営のヒントとしながらも、わが国、そして各地域としての各球団運営の環境の違いを適切に勘案して、一律ではない独自のさまざまな取組みにチャレンジしてみてほしいところである。

ウエストハム・ユナイテッドとＪクラブの比較

（売上・収入の単位は百万円）

	1試合平均入場者数	年間売上(2011)	広告料収入	広告料／売上	入場料収入	入場料／売上	放映権収入	放映権／売上
ウエストハム・ユナイテッド	30,923	7,577	2,099	28%	2,230	29%	3,247	43%
浦和レッズ	33,910	5,382	1,821	34%	1,918	36%	268	5%
名古屋グランパス	16,741	4,396	2,136	49%	814	19%	239	5%
大宮アルディージャ	9,099	2,775	1,924	69%	325	12%	218	8%
ＦＣ東京	17,562	3,334	1,336	40%	551	17%	110	3%

□ プロスポーツとスタジアムの関係

日本のスポーツ施設はその大部分が行政（地方自治体）の持ち物であったり、学校法人の所有であったりする。これは、日本のスポーツは、前述のとおり、学校体育と企業スポーツをベースに普及・発展してきたためで、ハードである施設は自前のものではなく、そうした公共組織の所有であることは自然の流れであり、日本スポーツ界の特徴といえる。

一方、欧州サッカーでは、スタジアムをクラブが所有している例が珍しくない。イングランドでは、マンチェスター・ユナイテッドやリバプール、チェルシー、アーセナルは、全てスタジアムを所有している。スペインのバルセロナ、レアル・マドリードもスタジアムを所有している。しかし、欧州においても、特にドイツやイタリアでは、行政等のスタジアムを借用しているケースも同様に多々あり、欧州の全てのクラブが自前のスタジアムで収入を上げているとは一概にはいえない。また、土地だけは行政から無償に近い値段で借り受け、その上に自前のスタジアムを建設しているクラブ（バルセロナ）や、土地もスタジアムも行政からタダに近い値段で借り受けしているクラブ（マンチェスター・シティ）もある。

また、日本のプロ野球界では、福岡ソフトバンクホークスや阪神タイガース、西武ライオンズはスタジアムをオーナー企業が所有しているため、スタジアム施設を有効に活用できている。

看板の広告料収入や売店の売上等がスタジアム運営会社に入るか、球団やクラブに入るかという点で、スタジアムの所有は球団やクラブの財政面に大きな違いを生む。サッカー界では、鹿島アントラーズが行政の所有するスタジアムの指定管理者として指定を受け、スタジアムを自主運営しているし、千葉ロッテマリーンズや東北楽天ゴールデンイーグルスも同様にスタジアムの運営者となり、改修や球場内外での収益事業等を自前でできるように行政に交渉してこれを実現し、自前の施設を持たなくても欧米のように球団・クラブがスタジアムを使用する自由度を高め、入場料のほかに周辺事業から収益を上げつつある。

以上のようにスタジアムの所有状況はそれぞれ異なる。第２章でも説明したようにプロスポーツ・ビジネスを展開するうえでは、スタジアムの機動的な活用が不可欠であるため、球団として自由の利かない状況が現在でも存在する場合には、難しい交渉にはなるが早めにスタジアム所有者と協議を重ねるべきである。また、資金調達の見込みがあるのであれば、スタジアムの所有の道も模索するべきであろう。いずれにしても、欧米の強豪かつ人気のあるチームは選手、観客の双方から見ても魅力的なスタジアムを持っている事実があるということだ。

□ Ｊリーグにおけるスタジアム所有の是非

２００２年ＦＩＦＡワールドカップ共催時に建設されたスタジアムを利用することができているＪクラブは、その恩恵を受け、入場者数を伸ばしている。前述した浦和レッズが良い例で、決して立地は良くないが、それまでの駒場スタジアム（２万１５００人収容）の３倍の収容規模を誇り、欧米のスタジアムにもひけをとらない埼玉スタジアム２００２（６万３７００人収容）にホームゲーム開催のスタジアムを移したことで大幅に入場者数を伸ばし、財政的にも大きく飛躍している。その収益力アップのおかげで、戦力補強に投資することができるようになり、２００７年シーズンにはＡＦＣチャンピオンズリーグで優勝するまでになった。こうした恩恵は、ワールドカップ開催のために建設されたスタジアムを利用するＪクラブに共通していることである。

スタジアム所有・指定管理者としての運営、試合日のみ借り受けるなど、スタジアムとプロスポーツ・クラブの関係はいくつかパターンがある。現状だと試合日のみ借り受けるスタイルが最も多いが、利用料についても相当な優遇措置を受けることは珍しくなく、日程等についても優先的に利用できることからも、メリットが大きいといえる。また、広告料収入についても、スタジアムでの広告は、手数料を支払うものの、ほぼクラブの収入となるケースも多い。スタジアムを自主運営するコスト・コントロールのリスクを考えると、今のスタイルは無理がない効率的なスタイルだといえる。

　スタジアムを所有する、または指定管理者として借り受けることはビジネスとしての可能性を広げてくれるが、一方で巨大な施設の継続的な維持管理という大きな仕事も抱え込むことになる。クラブ経営陣には通常のビジネスで行われる「収益力の向上とコスト・コントロール」を行う確固たる覚悟が必要といえる。現状のJリーグにおいては、必ずしもスタジアムの所有や運営者となり、主体的に球場運営するまでの体力、アイデアを持っていないクラブも多く、そうしたことが得策だとはいえない。しかし、今後も広告料収入や入場料収入という試合日を中心とした収入に依存する経営スタイルを維持し続けるのは欧米の状況を鑑みると限界があるといわざるを得ない。クラブ運営だけでもまだまだ多くの課題を持っているクラブが大半であると思われるが、収益の安定、拡大を目指すためにはスタジアム運営やクラブ運営の周辺事業にまで範囲を広げる必要があり、クラブ運営を超えた真のマネジメント体制の確立を目指すべきではないか。

　Jリーグは20年を迎え、これからが正念場、うまく運営することで飛躍の時を迎える可能性も秘めている。本書で分析、提案した欧米スタイルの球団運営のための諸施策を学び試行錯誤を続ければ必ず活路はあるはずであり、我々も大いに期待したいところである。

第９章

プロスポーツの真実を語る

プロスポーツ・ビジネスの現場が一体どうなっているか外部からは見えにくいであろう。一般的なビジネスと比較して、その収益構造や多様なステークホルダーとの関係ゆえの特殊性があるからだ。また、世界のプロスポーツと比較しても、歴史的背景に起因する日本独自の部分も目立つ。日本のプロスポーツ・ビジネスの実態、クラブ事情を内部者の視点で赤裸々に綴り、実際に現場で何が起こっているのか？　関係者は何を考えているか？　読者の皆さんが知りたいと思われるクラブ運営の真実について、Ｊリーグをモデルケースに可能な限りここで説明する。

藤原　兼蔵

□ 日本のプロスポーツ・ビジネス界の現実

前章までは、欧米と日本のプロスポーツ・ビジネスを比較すると共に、ビジネス面（事業面）、競技面で世界でも最も成功を収めているクラブの1つであるマンチェスター・ユナイテッドにフォーカスを当て、主にビジネス面での成功事例を分析してきた。本章では、マンチェスター・ユナイテッドの成功事例に対し、では一方でわが国におけるプロスポーツ業界の現実や特徴とはいったいどのようなものなのかということについて、実際にプロサッカー・クラブという「プロスポーツ・ビジネス界」に身を置き、日々試行錯誤している私自身の経験や、日頃この業界で見聞きしている情報を基に、私見および業界の常識という視点から書かせていただく。

ほぼ全てのサッカークラブが「株式会社」である点から、本来であれば一般的な企業と同じく利潤を追求していけば良いはずであるが、実際にはそれだけでは「良いクラブ運営」とはいえず、その他さまざまな側面から評価されるのがこの業界の特徴である。それには日本独自のスポーツ文化が醸成された歴史的な背景や各クラブの生い立ち、そして行政と密接に絡まないと特に施設面において埒が明かないというこの国のスポーツ環境の特殊性がある（第2章、第7章で詳述）。

この「日本のスポーツ文化の独自性」に関しても、私自身のイギリス留学の経験を踏まえ、世界の常識から見ると日本におけるスポーツの位置付けがいかに特殊なものであるかという日本国内にいるだけではなかなか実感できない点について論じることで、この業界の特徴と課題を明らかにしたい。

さらに本章では、職業としてのプロサッカー・ビジネスに興味のある方に、業界の外からだと見えにくい組織の構造や業務内容、日々の実際の活動についても記していきたい。加えて「いかにしてこの業界に就職するか」についても、実際に就職が叶った業界関係者の事例を参考に、その方法を記してみたい。日頃多くの方から「毎日何をしているのですか?」、「どうやってこの業界に入ったのですか?」というような質問を多くもらっている身としては、ここでそれらの疑問に答えることで、少しでも多くの皆さんの参考にしていただければと思う。私がサッカーについて、そして、プロスポーツ・ビジネスについて日頃考えていることや身近な人々に何げなく伝えていることをこうして活字にするのは今回が初めてである。

□ 日本スポーツ界における「学校体育」という呪縛

今回の東京オリンピック決定に関連したある新聞記事でも書かれていたことだが、私自身のイギリス留学経験からも非常に強く感じることは、日本におけるスポーツが「学校体育」から始まっているということは日本のスポーツ業界に未だに強く影響すると共に、この業界を大きく特徴付けていると思われる。その結果さまざまなメリット、デメリットがあるわけだが、その中でも特にプロスポーツ・ビジネスを営んでいくうえで大きな影響があると感じることが２つあるのでここに記したい。

１つは「スポーツとはお金のかからないもの」という固定観念である。日本人の多くが、スポーツというものを学校体育、学校の部活として経験してきた人が大半なので、基本的にスポーツはお金がかからないという考え方が根強いのではないか。有料の、それも安くはない月謝を取っているサッカースクールは、そういった観点からは非常に異質な存在である。今後は各種目においても「しっかり代価をいただき、それに見合ったサービスを提供して顧客に満足してもらう」という事業活動が広がれば、競技力の向上、雇用（指導者や運営者）の創出が進み、結果的にはその競技が発展していくはずである。

２つめとして、日本のスタジアムはその機能面で「大きな運動場」の延長の域を出ていないということである。皆さんがよく行くデパートやショッピングモールと比べてみてほしい。客席やトイレ、場内音響施設などの設備面に関しては、全く比較にならない。今これを読んで「そんなこと比較するほうがおかしい」と思われた読者の方、あなたも「学校体育」の呪縛に取り憑かれている1人かもしれない。「時間消費」という観点で考えれば、特に都市圏ではスポーツ観戦はこれらの商業施設と間違いなく競合している。もちろんスポーツ観戦にしかない魅力もあるが、だからといって施設が不備でもいい理由としては、訪れる方からすると、もはや受け入れられない時代だといえる。また、未だに多くのスポーツ施設（体育施設といったほうがしっくりくるかも知れない）にロッカーやシャワーが十分に完備されていない、そしてそれを何とも思わずグランドの脇で着替え、終わった後シャワーも浴びずに帰ることに抵抗がないというのは、大人になってもスポーツというものを、学生時代に教室で着替えてそのまま次の授業を受けていた「学校体育」の延長として無意識に受け入れている人が多い証拠である。ちなみにイギリスではどんな古い施設でもシャワーやロッカーは（たとえ汚いとしても）完備されていた。

読者の中には、それは事の本質ではないと思われる方もいるかもしれないが、この「学校教育」の呪縛から日本全体が解かれることこそ、実は欧米のプロスポーツ・ビジネスに追いつく第一歩として必要なことかもしれない。

□ サッカーは野球を超えられたか？

プロサッカー・ビジネス界に身を置いているものとして日々痛感しているのが、やはり日本のプロスポーツ界においては野球の存在が絶大である、ということだ。近年はサッカーをプレーする子供の数が野球を逆転したということだが、現時点のプロスポーツ界においては人気面、ビジネス面において両者には大きな差がある。特に企業を相手にスポンサーセールスやチケットセールスを働きかけているときに顕著にこの差を痛感する。それは、まだまだ企業の最終決定権者が野球世代の方が多いということが大きな理由の１つだと考えられ、最終的には「どうせ金を出すならサッカーより馴染みのある野球だろう」となってしまうケースが少なくない（もちろん、露出の面での差なども当然あるが）。ただ最近は30代、40代の経営者が増え、このような方々は自分がサッカーをしていたか、あるいは自分の子供がサッカーをしているケースが多く、中には「自分の起業したときの目標の１つはサッカーチームのスポンサーになること」と言っていただける方もおり、今後５年、10年すればもっと多くのお金がサッカー界に流れてくるのではないかという期待感はある。いずれにしろ新聞やテレビでの露出、選手の給与面などさまざまな面で日本の№１プロ・スポーツは未だ圧倒的に「プロ野球」であるというのが実感である。

□ プロスポーツは、日本代表こそが全て

日本のスポーツ界では、全てにおいて「日本代表」がとにかく崇拝される。横浜ＦＣのある元日本代表選手が次のようなことを漏らしていた。

「日本は日本代表となると無条件で応援する人がとても多い。でもそのあとが続かない。例えば、あまりメジャーなスポーツとはいえないフェンシングの選手でも、オリンピックでメダルを取ったとなると国を挙げて盛り上がるが、果たしてどのくらいの人がその後その選手が出場する国内のフェンシングの大会に興味を持っただろうか？」

サッカーにおいて自国の代表が一番人気があるのは、日本人にとっては当たり前のことで誰も疑問を持たないかもしれないが、実は欧州ではそうではない。イングランドやスペイン（近年は代表も強くなり意識が変わってきたが）など多くの国では、少なくともサッカーにおいては、代表チームよりクラブチームのほうがより熱くサポートされている。これには長らく都市間での抗争が続いていたなどの歴史的背景もあると思われるが、疑問に思った私は英国の友人に理由を尋ねてみた。すると、「そんな当たり前のこと聞かれても困る」という顔をしながら「うーん、代表よりクラブのほうが先にあったからかな〜」という彼の答えを聞いたときは、この国のサッカーの歴史の深さを改めて実感させられた。

□ 日本のプロサッカー・クラブの特徴

そんな少し特殊な日本のプロスポーツ界の中にあって、プロサッカー・クラブというものは一般的なビジネスと比べて、どういった特徴があるのだろうか。

現在、ＪリーグにはＪ１、Ｊ２合わせて40のクラブが日本全国に存在し、Ｊリーグの旗の下、それぞれ独自に活動している。Ｊリーグに加盟するためのルールとしてその運営母体は法人格がなければならず、現在40クラブ全ての運営母体が「株式会社」となっている。株式会社である以上、当然収益を上げていくことが唯一にして最大の目的であるはずだが、実際にはそう簡単には済まないのである。そして、２０１４年からＪ３が12クラブで発足し、Ｊリーグ全体で52クラブになった。日本サッカー協会（ＪＦＡ）は、Ｊリーグを目指し活動するクラブが全国で１００以上活動することを将来目標にしているため、まだ道半ばといえるが、このような裾野を広げるＪＦＡの取組みは、サッカー人口増、技術レベル向上、地域密着度アップ、ファン層拡大などに必ず貢献するものと期待したい。

プロサッカー・クラブは、その活動内容から一見すると地域貢献、社会貢献性が高く、実際、スタジアムや練習場を地方自治体から借用し、さらには出資まで受けているクラブも多く、コストはかかっても「公共の器」としての役割も果たしていかなければならない状況にある。もちろん、運営母体の「株式会社」はボランティア団体ではないので、しっかりと利益を追求していくという、通常のビジネスと変わりない目的がある。このように、公共の器としての役割と利益を両立させなければならないプロサッカー・クラブには、ビジネス上多くの〝業界特有〟の特徴がある。そのような特徴を知り、理解していくことは、サッカービジネス界で日々起こっている出来事を理解するうえで、皆さんにとっても大いに役立つはずである。その特徴を大きく4つの観点から後述したい。

　余談だが、多くのクラブはチーム名と運営母体の名称が違う。例えば横浜ＦＣの運営母体は「株式会社横浜フリエスポーツクラブ」で、ＦＣ東京は「東京フットボールクラブ株式会社」である（それでもチーム名は「東京ＦＣ」ではなく「ＦＣ東京」なのは不思議なところである）。またそのチームの母体となった実業団時代の名残を会社名に残しているクラブもあるので、各チームの運営母体の名前を調べてみると、そのクラブの歴史や生い立ちが垣間見えるので興味深い。例えば「ジュビロ磐田」の運営会社は「株式会社ヤマハフットボールクラブ」という名称であり、大宮アルディージャは「エヌ・ティ・ティ・スポーツコミュニティ株式会社」である。また浦和レッズの運営母体は、現在は「浦和レッドダイヤモンズ株式会社」であるが、２０１２年までは「株式会社三菱自動車フットボールクラブ」という名称であった。

□ 特徴① 利益を上げただけでは成功とはいえない業界

私が思うこの業界の最大の特徴の1つは、「Off the pitchとOn the pitch の両面での成功が重要であり、利益を上げただけでは誰にも褒められない」というところである。先に記したように、プロサッカー・クラブは株式会社である。ということは利潤を追求していくことこそ組織としての最大の目的であるはずである。その点では通常のビジネスとは何ら変わりはない。他のビジネスとの大きな違いは、そのようなビジネス的側面（Off the pitch）での成功だけでなく、試合の勝敗やリーグでの順位といった（On the pitch）での成功も同じかそれ以上に重要視されるということである。例えば、通常の企業は対前年比５００％といった多くの利益を上げたとしたら、それは企業としては大成功であり、社会から賞賛を受ける。ただ、サッカービジネスの場合、たとえどれほどの利益を上げたとしても、チームの成績が悪く下部リーグにでも降格しようものなら、誰にも褒められることもなく、逆に「資金の使い方が下手だ！」、「もっといい選手を獲れ！」などと、自クラブのファン・サポーターからは大きな非難を浴びることだろう。

やはり勝負事である以上、ピッチでの成功が極めて重要視され、そのためには常にOn the pitchの成功を果たすための投資（要するに選手や監督・スタッフに使うお金）を可能な範囲で最大限行わなければならないことから（しかも、必ずしも期待したリターンが返ってくるわけではない）、会社としての利益を追求しづらい構造となっている。こうした事情を背景に、ＪリーグのクラブのＪリーグの各クラブの決算を見ると（ＪリーグのＨＰで開示されている）多くのクラブの決算はほぼトントンか利益を上げていてもほんの数百万円、というのが現状である。

一方、どんなにピッチ上での成績が良くても、（クラブライセンス制度の導入もあるが、たとえその制度抜きでも）大赤字を続けていけば当然クラブの存続が危ぶまれたり、どこかのタイミングで大幅な規模縮小をせざるを得ず、そうなった際に迷惑を被るのはいつも選手だったりファンだったりする。その代表例が横浜フリューゲルスで、天皇杯で優勝できるような強いチームであったにもかかわらず、親会社の業績悪化によるクラブ運営からの撤退、つまりOff the pitchでの失敗のために消滅してしまった。

サッカービジネスにおいては利益を上げることよりも、いかにより多くの収益を得て、それをチーム強化費に充てていけるか、これが最重要視される。プロサッカー・クラブは、そのようなOn the pitchでの成功と、Off the pitchの成功という、時には相反する二兎を追わなければならないという経営上の宿命を背負っているのである。

□特徴②　年間の支出が決まったら、収入が追いかける構造

次の特徴を考えるに当たって、ここで、この本を読んでいるあなたに想像してみていただきたい。あなた自身の生活において、来年の毎月の家賃や生活費、ローンの支払などの支出がすでに前年の11月頃には先に決まっていて、その支出に自分の収入をどうにかして追いつかせなければならないという生活を。それも自分の給料だけでは明らかに足らず、「さて、バイトをしようか……、宝くじでも買おうか……」などと苦悩しなければならない日々を。考えただけでもぞっとするだろう。

サッカークラブの1年間というものは、驚くことなかれ、実はそれに近い状況なのだ。サッカークラブの最大の支出は、選手や監督の人件費であるチーム強化費であり、クラブの総支出の半分以上を占めているケースも多い。そして新年度のチーム構想、つまり強化費の総額は、各選手と来季の契約を交渉、締結する毎年11月頃にはほぼ確定していなければならない。その結果、多くのクラブでは、「来年の支出はこれぐらいだから、売上もこれぐらい上げないといけない」という流れの中で「強化費」という会社最大の必要経費の額から逆算される形で、スポンサー収入やチケット収入などの目標が決められていく。

健全経営を実行していくにはこの作業が最も重要なポイントで、いかに現実的な数字の

摺合せを、お金を使う側（強化（育成）部）とお金を稼ぐ側（事業部、営業部）の間で実行できるか、ということが1年後のクラブの運命を握るといっても過言ではない。ここで経営陣、強化担当がいかに見栄を張らず、現実的な収益予想から強化予算として使える金額をはじき出し、その数字で我慢できるか。

一方、事業担当者も、もちろん1円でも多く売上を上げられればそれに越したことはないが、しっかりとした根拠のある現実的な売上予算を積み上げ、お金を使う側と一緒になって決して夢を膨らませすぎない。これに尽きる。

サッカークラブはその収益構造上、よほど大きなスポンサーが撤退などしない限り（その場合でも予算編成時にはその可能性ぐらいは嗅ぎつけられるはず）、毎年の収入が大きくブレることはない。逆にいうと、数千万円単位の単年赤字を出してしまうクラブというのは、往々にして「無い袖は振れない」という現実を受け入れられず、最後の最後で辻褄が合わせられなくなった結果であることが多いのではないか。

誰だって自分のチームにメッシやクリスティアーノ・ロナウドは欲しいわけだが、欲しいものと「買えるもの」は違うのである。私生活では当然のことなのだが……

□ 特徴③ 年間を通じてリーグ戦を戦うということ

１年間を通じてリーグ戦を戦うということは、興行面から見るとどのようなことなのか考えてみたい。そうすると３つめの特徴が見えてくる。

サザンオールスターズやミスターチルドレンなど、超人気のバンドのライブを想像してほしい。私も大好きではあるが、年間21回（月にだいたい２回）も同じスタジアムで開催されたら、毎回何万人もの観衆を集めることはできるだろうか？ さらに毎回最高の演奏が保証されているわけでもなく、ある時は観衆の側からすると「出演者の気持ちが伝わってこない」と思えるような演奏だったり、「そこでそんなミスをするか」というようなミスが起きたり、はたまた観客がお目当てにしていたメインボーカルが怪我など出演しないこともありうる。果たしてそのようなライブがいつも満員になるだろうか？

サッカーの興行というのは、やや大げさだがそのような特徴がある。Ｊ２では年間21試合、おおよそ毎月２回程度、ホームゲームがほぼ同じスタジアムで開催され、毎試合必ずいい試合が観られるわけでもなく、もちろん必ず勝ち試合が観られるはずもない。おまけに試合によってはそのチームで自分がお目当てにしていたエースや中心選手が怪我や出場停止などで出場しないということも珍しいことではない（そしてそれは会場に着いてから初めて知らされることもある）。そんな不確定要素たっぷりの「商品」を販売していかなければならないのがサッカービジネスである。

そのような商品を安定的に販売するために重要なのは、いかにリピーターを増やしていけるか、ということに尽きる。年１回のイベントならまだしも、時にはホームゲームとホームゲームの間隔が１週間しかないような状況では、毎回新規のお客さんを呼び込むようなプロモーションは不可能である。どうしても試合会場での告知やクラブのＨＰといった告知媒体に頼るしかなく、その結果、クラブのＨＰを頻繁にチェックするようなそのクラブにある程度興味がある人たち向けにしか告知できないのが現状だ。

したがって、現在多くのクラブが実施している、地元ホームタウンでの地域貢献活動は、スタジアムに距離が物理的に近く、通いやすいファン・サポーターを増やす意味でも理にかなっている。また毎回のホームゲームの数少ない変動要素としての対戦相手や直近の戦績（ただ今○連勝中！　など）、リーグでのポジション（勝てば首位浮上！　など）を上手く利用し、その１試合の意味、重要性を語っていくことも効果的ではないだろうか。

□ 特徴④　最大の商品「ホームゲーム」はコントロール不能!?

最後の特徴として、ホームゲームの運営について触れる。今度は、ホームゲーム運営そのものの特性をレストランに例えて考えてみたい。

こんなレストランがあったら、あなたならどのように経営していくだろうか？

まずレストランが入っている店舗そのものは自治体からの借り物で、営業の度に借りるので、常設の装飾もままならない。内装を変えることも勿論できず、厨房設備もそこにあるもので済ますしかない。何とか自分たちの色を出したいと思っても、せいぜい持参したフラッグやノボリ、ポスターなどを毎朝設置し、お店が終わるたびに外して元の状態に戻さなければならない。また、店のＢＧＭや雰囲気はお客様の自主性に任せ、レストラン側でコントロールできることは限られている。そして極めつけは、シェフの怪我や監督省庁の通達が理由で自分たちの看板メニューが出せない日もあったり、頑張ってはいるが常に料理の味は一定ではなく、「金返せ」と言われても仕方がないような味の日もある。さらには座席には屋根がなく、雨が降ったとしても周りのお客様の迷惑になるという理由で傘を差すのも禁止のため、ビショ濡れになる、というレストランだ。

こんなレストランに人を集めるのに苦労するのは衆目の一致するところではないか。

各クラブは多かれ少なかれこのような条件の中で試合を運営している。この環境下でまた来たいと思ってもらえるように、少しでも顧客満足度を高めていくには、１つには当然料理の味（つまり試合内容）の質を上げると共に、「筋書きのないドラマ」の感動を味わってもらうことが最も大事であることは明白である。しかし、一方で与えられた環境下でも色々な知恵を出し、「試合以外の部分」での満足度も上げて、さまざまな悪条件も気にならないような楽しみを感じてもらえるように努力し続けるしかない。

もちろん魅力的なクラブになるには１つでも多く勝利することが最高ではあるが、毎年全試合大勝し、ぶっちぎりで優勝し続けているような常勝クラブがあったとしたら、それはそれでスリルがなく、ファン・サポーターも増えないのではないだろうか？　現にブンデスリーガのバイエルンとドルトムント、そして、リーガ・エスパニョーラでは、バルセロナとレアル・マドリードの２強が近年あまりにも強過ぎ、リーグとしての魅力が薄れているという話もある（直近のシーズンはアトレティコ・マドリードの奮闘で盛り上がったが……）。米国のＮＦＬでは、第６章で述べたとおり、意図的にさまざまな戦力均衡策を採り入れており、どのチームが優勝するか最後までわからないスリルに溢れる仕組みにして大成功を収めている。いずれにしても、各クラブがお互いを高め合うようなリーグ運営を志向することが良い結果を生むといえるのではないか。

第10章

プロスポーツ・ビジネスはドリームジョブ!?

前章に続き、プロスポーツ・ビジネスの実態を解明し、「好きなことを仕事にする」、「プロスポーツ業界で働く」ということは、果たして「ドリームジョブ」といえるのかを考える場を提供してみたい。特に、この業界で働きたい方々に向けて、プロスポーツ・ビジネスを実際に運営するための組織構造、業務内容を明らかにしつつ、職場の魅力、直面する課題、さらには「こうすれば就職できる」ノウハウなど、普段知り得ない内部事情を、筆者自らの体験を中心に実例を挙げながら、幾つかのＪクラブの事情も織り交ぜて、具体的に説明する。

藤原　兼蔵

□ サッカークラブ運営の実際

この章では、サッカークラブの業務にはどのような内容があるのか紹介することとする。もちろんクラブごとに多少の違いはあるが、概ねここで説明するような役割分担がどのクラブでもなされていると思われる。クラブでの仕事を大きく分けると、「強化（育成）部」と「事業部」があり、前者は、お金を使う部署、後者は、お金を稼いでくる部署ということになる。

「強化（育成）部」は、サッカークラブの仕事として皆さんが想像しやすい選手や監督、コーチ、スカウトなどが所属するいわゆる「現場」といわれる部署。第一のミッションはできれば長期的にとにかく「on the pitch」での成功＝「勝つ」ことを追求していくことだ。

一方、「事業部」は、強化部がより良い仕事ができるように「off the pitch」での成功を追求する部署である。収益を上げるためにスポンサーを集めたり、チケットやグッズを販売したり、試合を運営したりする部署で、クラブを陰から支える存在であり、この両輪が共にうまくいってはじめてクラブ運営が安定する。

ここでは外部からはなかなか見えにくいクラブの「事業部」の仕事について、どのような役割があるか、７つに分けて掘り下げてみたい。

①　スポンサー営業（法人営業）

　スポンサーを少しでも多く獲得する営業を行う。テレビ放映権収入が少ない日本では、スポンサー収入の割合が相対的に高く、多くのクラブで総収入の半分以上、中には６、７割に達するクラブもある。金額は数十億円から数万円までさまざまあり、資金が豊富な企業を中心に少数のスポンサーで運営しているクラブもあれば１００社以上のスポンサーから幅広く資金提供してもらうクラブも多い。スポンサー料はユニフォーム周りに協賛している企業の提供額が非常に大きく、Ｊリーグ規則で、胸、背中、袖、パンツの４箇所しかスポンサーがつけられないが、その主要４社で全スポンサー料の半分以上が賄われている場合が多い。スポンサー料を適正価格で獲得できるかどうかが各クラブにとっての生命線だ。特にＪ１のクラブはこのユニフォーム周りのスポンサー企業がいわゆる「責任企業」（単なるスポンサーの枠を超えた親会社的な企業および関連会社）が占めている例が多く、安定したスポンサー料を見込めるため、過大な支出さえなければ安定したクラブ経営が可能となる。なお、スポンサー企業獲得だけに頼らず、周辺企業に対してチケット、グッズ等を販売する「法人営業担当」を置くクラブもある。スポンサー獲得は一筋縄ではいかないため、きめ細かい企業訪問により、まずはチケットやグッズ販売を「法人営業」として実施し、販売実績、良好な関係を築き、将来のスポンサー探しの端緒にすることが多い。

② グッズ販売担当

ユニフォームやタオルマフラーなど、クラブのオリジナルグッズを企画・販売・管理する部署である。役割は比較的イメージしやすいと思われるが、自クラブで全て行う場合と外部委託する場合がある。主な販売チャネルとしては、ホームゲーム会場、ウェブショップ、街のクラブショップの3つだが、通常は、ホームゲーム会場での売上が大半を占めており、自前で持つ街中のクラブショップは別途コストがかかるため、限られたクラブだけの選択肢といえる。

グッズ販売の大きな特徴として「重ね売り」がある。これは、常に新規顧客に商品を販売していくのではなく、限られた主要顧客に対し、より多くの商品を買っていただく方法である。シーズンを通じて新商品を出し続け、売り切っていくことが重要となる。そのため各商品は小ロットでの製作となり、単価が高くなる傾向がある。

グッズ販売は、クラブの売上という目的以外にも、クラブのブランディング、ファン・サポーターとの心理的繋がりを強める役割もあるので、売上数字以上にクラブ全体へのプラスの波及効果が大きい。そのためグッズ販売は外部委託ではなく、できればクラブ自らが試行錯誤しながら企画・開発すべきであり、その際にクラブのメッセージも込めながらPR・販売、イベントなどに有効活用していくべきである。

③　チケットセールス（興行）担当

クラブにとって最も大事なチケットセールス（＝興行売上）を担当する部署。長い目で見ると、クラブ全体の業績向上への波及効果があるので最も大事な役割を担っている。なぜなら、売上に対する原価という意味ではスポンサーセールスが最も利益率が高いが、チケットが売れ、スタジアムが満席になれば興行としてスタジアムの雰囲気も良くなり来場した人の満足度が上がるのはもちろん、スタジアムでのグッズや飲食の販売も伸び、さらにスタジアムに人が常に集まれば、スポンサー獲得にも好影響を及ぼすからである。

しかし、チケットセールスを伸ばすのは最も難しい仕事でもある。1人1人の「個客」を相手にするため、即効性のある対策はなく、個別に時間をかけて地道に努力を続けていかなければ成果がなかなか表れないからだ。天候やチーム成績にも大きく左右されるため、自助努力だけではうまくいかない面もある。また、チケットには大きく分けてシーズンシート、企業や団体と組んで直接販売する企画チケット、一般の方が買う前売り券や当日券の3種類がある。特に前売り券や当日券を自分たちの手で意図的に大きく伸ばすことは、相手が見えていないこともあり非常に難しく、対戦相手の人気やチームの成績、また有名選手の加入などチケットセールス担当の手の届かないところでの理由で大きく伸びる場合もあり、この部分の仕組み化がどこのクラブも当面の大きな課題といえる。

④　試合運営担当

試合運営を担い、その全責任を負う。ホームゲーム運営が主になるが、アウェイゲームにも帯同し、何かトラブルや事故があった場合は即対応する。

ホームゲーム運営については、シーズン前のスタジアム確保の契約交渉や選手・スタッフの登録、年間のイベント計画立案、シーズン中には警備会社、アルバイト、お弁当や備品の手配からリーグとの調整、相手チームや審判団との調整など多岐に渡る。そして多くのクラブでは経費を少しでも抑えるために、実際に運営担当が（ほかのスタッフも一緒の場合が多いが）スタジアム周りのノボリやフラッグなどの装飾、広告看板、イベント用テントの設置などを行う。このような力仕事もこなしていかなければならず、時間的にも、体力的にもかなり負担の大きい部署である。さらに、力仕事だけではなく、スポンサーや支援者などの関係団体との調整能力のほか、ミスが許されないあらゆるペーパーワークをこなす能力も必要とされ、特にシーズン開幕前は目の回るような忙しさだ。一方で、何百人というスタッフを動かし、何千人、何万人という観客を集め無事に試合が進行し、皆に喜んで帰ってもらった際には達成感を感じ、とてもやりがいがある部署でもある。一方で、何よりも「勝利」という試合における最大の命題があり、これは運営側としてはどうしようもない要素が大きいが、常に頭を悩ましながら日々取り組んでいく覚悟が必要である。

⑤　ホームタウン担当

地元やファンとのリレーションを強化するために多岐に渡る役割があるが、一番のミッションは、いかに地域の人達に「サッカークラブって使えるな」と思ってもらえるかである。地元活性化の一翼を担い、いかに地域貢献できるかがカギとなる。その期待に応えられれば、必然的に多くの団体からさまざまな引き合いが増え、その結果どんどん地域での知名度も上がり、必然的に応援をしてくれる人も増える。担当者は小学生などの子供たちから学校の先生、区役所関係者、商店会の会長・役員までお付き合いする。相手が非常に多岐に渡るため、コミュニケーション能力が不可欠である。何度も実際に足を運び、「知ってもらう」、「身近に感じてもらう」、「かわいがってもらう」と同時に何かあったら顔を思い出してもらい「相談される」、「頼りにされる」存在になることが重要である。一方で、サッカークラブはあくまで株式会社であり、ボランティア団体ではないので、担当には「地域の人々の役に立つ」という強い意識は持ちつつも「良いことをした」だけで終わらず、知名度アップによる観客動員数の増加、売上向上などクラブにとって何かしらの成果を得ることも同時に忘れずに実行するバランス感覚が必要となる。

長期的視野で見ると非常に重要な役割であるが、日々のクラブ運営で精一杯であるため、ここに十分な経営資源（人手や予算配分）をかけられないクラブが多いのが現実である。

⑥ 広報担当

「広く報じる」の字のごとく、1人でも多くの人に自クラブのこと、Jリーグのこと、サッカーのことを知ってもらうことがミッションである。その業務には大きく分けて2つの機能がある。1つは「プロモーション機能」で、選手・監督・チームの紹介のほか、理想はクラブ内の各部署の施策や結果（例えばユニークな企画チケットや地域イベントへの参加など）をさまざまな外部団体（新聞、市報、タウン誌、ミニコミ誌などのほか、テレビや地域メディア）と連携し、少しでも多く周知し、それら施策の効果を高めるように動く。現状は専属で広報担当を配置できないクラブも多く、どうしても足りない機能である。比較的余裕のあるクラブではプロモーション専任部署を別途置くクラブもある。もう1つは「管理的機能」で、クラブの全ての肖像権の管理、試合日のメディア受付、日頃の取材受付、プレスリリースの作成等を担当する。メディアからの注目度ではJリーグとは比べ物にならないほど高い日本代表の場合、厳格なメディアルールがあり、Jリーグのメディアルールも基本的にはそれに則っているため、日々の仕事も管理面が強くなりがちであり、クラブの露出度を高めるミッションが二の次となってしまうことも多い。しかし、クラブ繁栄、地域振興のためには常にプロモーションの観点も強く意識し、広報すべきである。

⑦　サッカースクール事業担当

通常のサッカークラブ運営とは少しずれるが、スクール事業もクラブの重要な事業であり、主として３つのミッションがある。１つは、収益確保・増大であり、しっかり運営すれば会員収入として安定した日銭が入るビジネスになる。また、会員組織を活用すれば、ゼロから集客する必要なく、グッズ販売やキャンプ等のイベントで収入を得ることも可能になる。２つめは、ファンの育成目的である。クラブのスクール会員であれば、当然そのクラブを応援する素地はできるので、通っている子供やその家族・親戚や友達も含め上手に取り込みファンになってもらうことで安定した観客動員の可能性が広がる。また、試合への動員企画やトップ選手に巡回してもらうなどしてチームに興味を持ってもらうための施策をしっかりと打つことも重要である。３つめは、プロ選手のセカンドキャリアの受け皿にすることである。現役を引退した選手で、コーチをやりたい選手は多いが、トップチームやユース、ジュニアユースなど育成の現場は数も限られており、いきなり就職するのはなかなか難しい。しかし、スクールを拡大していければ、そのような選手の働き場所としても魅力的な場を提供できる。このように、スクール事業はプロスポーツ・ビジネスとの親和性が高いうえ、場所と人さえ用意できれば比較的広げやすいので、クラブ運営上も是非推進すべきである。

□ サッカービジネス＝ドリームジョブ⁉①　好きこそものの上手なれ

次に、サッカービジネス界で働くことに興味がある方々向けに、少しでも就職の参考になるような業界の実態と私自身の業界人としての日常を説明してみることとする。

1．職場の現実

①　女性社員が意外と多い

よく言われるのが、社員のほとんどは男性だと思われていること。当然サッカー界は男社会（女子サッカーは置いておいて）の傾向が強いが、意外とスタッフの男女比率としては一般の企業とあまり変わらないのではないだろうか。例えば現在の横浜ＦＣ事業部の女性比率はだいたい45％である。女性の方にも就労のチャンスは十分ある。

②　サッカー経験者ばかりではない

次によく訊かれる質問として「社員みんなサッカー経験者ですか？」というものがある。サッカー経験者しか受け入れられないのでは、と思っている方が多い証拠である。実際には、一般的な企業と比較すればサッカー経験者は当然に多いだろうが、全員サッカー経験者というわけではない。採用する場合もサッカー経験があればそれはそれで1つのプラス要因とはなるかもしれないが、それが必須というわけではない。だからサッカー経験がないからといってこの業界を諦めることは全くない。

余談だが、この業界に長くいて、多くのサッカー経験者を見てくると、初めて会った方がサッカー経験者かどうか顔を見て不思議とある程度わかってしまう。所謂「サッカー顔」というのは間違いなく存在している（「どんな顔が？」と聞かれると説明には困るが）。またサッカー界は非常に狭い世界で、当人同士が知り合いでなかったとしてもほとんどの場合、誰か１人、間に介せば繋がっている（共通の知人が大抵は存在する）。

③　平均年齢はかなり若い

Ｊリーグ発足から数えてまだ20年ほどの若い業界であるせいか、平均年齢は他業種と比べるとかなり若いのではないだろうか。例えば、ある資料によると不動産業界の平均年齢は38・６歳となっているが、横浜ＦＣ事業部で見てみると32歳程度で、他のクラブも同程度かあるいはもう少し上程度ではないだろうか。これには給与面や休日面では、家族持ちにはやや厳しい業界であるのと、日々の業務に体力勝負の要素が大きいというのも理由かもしれない。さらに、クラブによっては事業部とサッカースクール部門、トップチームが一緒の施設を使用しているところもあり、外から見ると「ジャージを着た若いお兄さん」がたくさんいるちょっと変わった会社に見えてしまうだろう。

□ サッカービジネス＝ドリームジョブ⁉②　平均的な1週間

「毎日会社で朝から一体何をしてるのですか?」といった質問をなぜかよく受ける。私自身としては一般企業とそんなにやっていることは変わらないと思っているが、どんな業務をしているのか、想像がつきにくいとよくいわれる。ここで皆さんの疑問を解消するためにシーズン中の平均的な1週間の業務をご紹介しよう。「何だ、意外と普通だな」とがっかりされるかも知れない。

「とある1週間の業務」

月【休業日】　土日にイベントに出たり、ホームゲームがあったりするケースが多いので、その場合は月曜日が代休となる

火【事務】　各担当とも試合の事後処理（片づけや数字、運営上の反省）。また、土日に対応できなかった案件の処理。営業担当は当然営業活動に勤しむ。

水【会議】　これはクラブによって異なると思うが、週の中ごろに社内会議を集中して行っているケースが多いのではないか。ちなみに私は水曜日には通常3つ、多いときはそれ以上の社内会議、ミーティングに出席す

る。営業などで外に出る社員が多いこと、また部署間でのタイムスケジュールがかなり異なるなどの理由で、社内会議は全て同じ曜日に集中させて、営業活動の効率化を図っている。社内会議は前回の試合の反省、次の試合への準備やその他情報共有に充てられる。

木、金　各部署によって行っている業務はさまざまだが、週末にホームゲームがある週は、その準備の比率が徐々に高まっていく

土【前日準備】Ｊ２は日曜日に多くの試合が開催されるため、土曜日は前日準備の日となる。多くのクラブの運営担当者が実際にスタジアムに出向いて、テントや看板の設営などを行っている。無人のスタジアムはひっそりとしているが、芝生の匂いを嗅ぐと、翌日の試合への興奮が高まり（特に勝っているときは）、わくわくしてくる。

日【試合運営】そしてクラブとして最も大事なもの、試合当日である。ホームゲーム運営時は一日中ほぼ立ちっぱなしなどということもざらにあり、後片付けのころにはクタクタになってしまう。ただ試合に勝てば疲れも吹っ飛ぶが、負けた後はそれこそ地獄である……

□ サッカービジネス＝ドリームジョブ!?③　典型的な一日

次に、私のとある一日の業務を紹介する。

AM 8：30　出社、メールやフェイスブック、ツイッターなど情報を一通りチェック。ちなみにJ'sゴールというサイトはJリーグの情報が網羅されており便利。

AM 10：00　地元商店街の代表の方と企画の打ち合わせ。よくコーヒーなどをご馳走になってしまう。

PM 13：00　クラブハウス食堂で昼食。このときになるべく選手や現場スタッフと共に食事し、コミュニケーションを取るように努める。

PM 14：30　スポンサー企業へ出向き、翌月の試合での企画打ち合わせ。

PM 17：00　翌月の大きなイベントの保険関係を保険会社と打ち合わせ。ちなみに多くの取引先に企業向けシーズンシートの販売促進。

PM 18：00　今後の試合告知展開に関して広報担当、運営担当と打ち合わせ。シーズン中は次から次へとホームゲームがやってくるので、いかに前倒して準備ができるかが重要になってくる。

ＰＭ　19：00　メールや事務作業、資料まとめ　など

以上が典型的な一日の過ごし方である。ちなみにホームゲーム運営時はこれとは全く異なり、キックオフ時刻の5時間前にスタジアムに集合し準備を行い、試合終了後2時間ぐらいかけて後片付けをしている。

改めて書いてみると、わざわざ本で書くのが恥ずかしいぐらい自分では特に変わったことをしているつもりはないのだが、皆さんの日常と比べてみていかがだろうか？　ただ、毎週末には試合があり、常に勝ち負けのある勝負の世界にいるという醍醐味はプロスポーツ・クラブで働いているからこそ味わえるもので、小さい頃からサッカーをやっていてそんな週末に慣れてしまっている自分にとってはもう抜けられない生活でもある。またホームゲーム開催という最大のビジネスチャンスが自分たちではどうしようもできない「天候」という要素に大きく左右されることも、他の業界と比較すると少し変わっているところだと思う。ホームゲーム前の1週間はいくつもの天気予報サイトを一日に何十回も見る癖が自然に身についてしまっている。

□この業界で良い仕事ができるようになるために求められる能力

ではサッカービジネス界で良い仕事をするためにはどのような能力が必要になるのだろうか。サッカービジネスという仕事の進め方の特性上、特に重要だと思われる項目を（自分は棚に上げて）３つ挙げてみる。それぞれさまざまな業界でも通じる当たり前のことばかりだが、これらの能力の有無は、サッカービジネス業界でうまく働けるかどうかに大きく影響すると考えられる。

①　相手のことを考えたコミュニケーション能力

クラブの各担当の業務はそれぞれが特殊で、追っている目標、責任、相手にしているステークホルダー、時間軸などが全くもって異なっている。もちろんそういった業界はほかにもあるだろうが、サッカービジネスでは通常はこのような状況下にありながらも「ホームゲーム運営」という全社を挙げての大きな共同作業を月に2回程度行わなければならない。つまり普段はバラバラな業務をしているが、月に2回程度全社員参加のプロジェクトチームが結成される。このような状況では、社内でのコミュニケーションをいかにとっていけるかが、しっかりとした仕事を成し遂げるうえで重要になる。また、休業日１つとっても部署ごとにどうしても違ってきてしまうので、相手の仕事を想像しながら自分の仕事の段取りをすることや相手の立場を考えるマインド、実際の業務支援も必須となる。

②　自由な発想

Jリーグが誕生して20年。長く感じるか短く感じるかは人それぞれだが、産業としてはまだまだ若いほうではないだろうか。そして成功事例といったものが少なく、何が正しいのか、どんなセオリーが通じるのか、まだ正解は誰もわかっていない。例えば、スポンサーの獲得という業務は、会社でマニュアルを用意し、また上司が正解を持っていて部下をそちらに導けば成果がついてくるというものでもない。したがって、他業種や他クラブなどの情報を集め、それを基に新しいアイデアを考え、上手く説明し、交渉を重ね、試行錯誤しながら成功例を積み上げていくというように、物事に柔軟にチャレンジできる人間が成果を上げていける業種なのではないだろうか。

③　体力

最後に必要なのが「体力」である。試合運営の日やイベントの日などは長時間ほとんど立ちっぱなし、食事もままならないことも。週末がイベント業務でほぼ潰れることもよくある。業務内容も営業廻りや看板・テント設営など、肉体的タフさを必要とされる毎日である（ゴム底の靴、丈夫な作業手袋は必須アイテム）。さらに当然試合には勝ち負けがあり、思いどおりにいかないことのほうが多く「精神面での体力」も必要な要素といえる。

□ プロサッカー界に100％入れるノウハウ（必ずチャンスはある！）

どうしたらこの業界に入ることができるのか、といった日頃よく私自身が質問を受けることについて、実例を基に記していきたい。

私の仕事柄、多くの学生や社会人の方に「サッカー業界で働くことに興味があるのですが、どうしたら入れますか？」と訊かれることがある。かくいう私も10年前までは他の業界で働きながら、同じくサッカーで飯を食っていきたいけど、どうすればいいのだろうかと悶々と悩んでいた側なので、その気持ちはよくわかる。ここでは私の周りで実際に他業界からサッカー業界に入った方々の実例を基に、こうすれば絶対にサッカー業界に入れる！（なぜなら実際に入った人の実例だから）という方法を紹介したい。

まずもって知っておくべきは、ほとんどのサッカークラブは毎年何人といった定期採用をしていない、また採用する際に広く公募することもないということだ。基本的に採用するときは欠員を補充するとか、事業拡大で人を増やす（ただ大規模に増やすことはなく、ほんの数人）というケースのみ。また採用コストもかけたくないので、お金をかけて広く募集することは滅多にない。だから外部からは採用情報はほとんど見えない。

ただし、そうはいっても私の過去の経験から推測すると、多くのクラブは毎年1人か2

人ぐらいは新規にスタッフを採用している。現に、横浜FCも昨年数名ほど新たな事業部スタッフが加わっている。つまりまったく新規採用がないわけではないので、チャンスはあるのだ。

では、新しくスタッフが必要になった時、クラブはどうしているか？　答えは明快であり、多くの場合、「人の繋がり」に頼っているのが現状である。例えば、欠員が出る時に社内で最初に交わされる言葉は「誰かいい人知らないかな?」、「Aさんという○○な人がうちで働いてみたいらしい」というものだ。意外とその程度の会話であっさり決まってしまったりする。つまり、もしあなたがそのクラブで働きたい、と思っているのであればクラブ関係者に自分を知っておいてもらうことが第一であり、かなり重要なことなのだ。私自身もリバプール大学に留学後、Jリーグクラブで働きたいと思い、まずは「藤原兼蔵」という人間の経歴を知ってもらい、サッカークラブで働きたいと思っているということを知ってもらうべく行動し、何とか職を得ることができた。このような採用の特徴を念頭に置いてもらいつつ、実際に自分の周りで働いている人の実例をこれから紹介するので、ぜひ参考にしてもらいたい。この実例は横浜FCだけに限った特殊なものではなく、多くのクラブで働くスタッフとの交流から導き出した私なりのサッカービジネス業界へのトビラを開くための解答である。次から、そのための手段について述べる。

□ サッカービジネス業界へのトビラ（その1）

① インターンシップに参加したり試合運営の手伝いをする

あなたという存在を知ってもらうためにもっとも直接的かつ効果的なのが、インターンシップに参加して、試合運営の手伝いなどを何でも積極的に行うという方法だ。ただインターンシップというと、多くのクラブが大学と提携していたりするので、その他の大学の学生は断られてしまうのが通常である。また社会人の方は平日の日中の業務を手伝うということは難しいだろう（つまり学生であれば、興味のあるサッカークラブのスポンサーや提携している大学に入るというのは可能性を広げる1つの有効な選択肢である。現にそのルートで入社したスタッフもいる）。

仮に、インターンシップが難しい場合、試合運営だけでも手伝わせてもらうというのもとても効果がある。試合運営では1人でも多くのスタッフがいたほうが運営側としては本当に嬉しいものなので、ボランティアや少額の交通費でも我慢してぜひ応募してみてほしい。そこであなたの人となりを知ってもらったり仕事ぶりを見てもらえるだけでなく、さらに感謝もされ、非常に得るものが大きいステップとなるはずだ。そこで認めてもらえば、すぐにとはいかないまでも欠員が出たとき、前述した「誰かいい人知らないかな？」という問いへの一発解答に「あなた」がなりうる可能性が出てくる。試合の手伝いはクラブの代表番号に電話してその旨を伝えれば、多くの場合受け入れてもらえるだろう。

② 各種セミナーやスクールに参加する、人材紹介会社に登録する

サッカービジネスのセミナーやスクールに参加してみるのも１つの手である。ここで重要なのはセミナーを聞いて知識を得ることももちろんだが、セミナーの講演者との繋がりを作ることである。私自身、リバプール留学時代に講義に来ていた講師との繋がりで、マンチェスター・ユナイテッド絡みのインターンシップに参加させてもらったり、イプスイッチタウンというチームのＶＩＰ席体験をさせてもらったり、練習やクラブハウスの見学をさせてもらった経験もある。

ただし、そのような講師の方はとても忙しく、一度名刺を交換しただけではなかなか繋がりができたとはいえない。その場合に意外と有効なのが、セミナー主催者とのパイプを作り、その方のツテを利用させてもらう方法だ。このワンステップが入ると、その後の展開もしやすい。また、一般的な大手人材紹介会社に登録しておくというのも有効な手段である。現に最近その方法で知人の１人がある競技団体・リーグに入社した実績がある。ぜひ一度「サッカービジネスセミナー」と検索してみよう。そこから意外と道が開けるかもしれない。

□ サッカービジネス業界へのトビラ（その2）

③ とりあえず履歴書を送ってチャレンジしてみる（天は自ら助くるものを助く）

一見すると可能性は低いように思えるが、タイミングによっては採用に繋がる場合もある。履歴書の書き方などは、その手の専門書に譲るが、とにかく頑張って書いてみる。もちろん送った直後に「いいね！　キミ、即採用！」とはなかなかならないが、そこからチャンスが生まれ、試合運営の手伝いやインターンシップに参加させてもらったりして、繋がりを作っていけば、まず第一歩はクリアといえる。まずは動くことが大事である。また、意外と大切なのは、履歴書を送りっぱなしにしないで、そのあと電話をしてフォローすること。受け取った側は、履歴書を受け取っただけでそのままにしているケースが多いので、しっかりとそのあと電話して話を聞いてもらうようにしよう。もちろん全てのクラブが受け入れてくれるわけではないが、大丈夫、日本中にＪクラブはＪ３も合わせると51もあるのだから、とにかく果敢にチャレンジしよう。

④ 親会社（責任企業）やスポンサー企業に入る

これはクラブの責任企業やスポンサーに入社し、そこからの出向・転籍を狙うというものである。間接的な手段で、遠回りになってしまう、入り込めないというリスクもある。

会社の数ある人事異動のほんの一部なので本人の希望がどこまで通るかは会社次第だし、運も必要になるかと思うが、実際にＪリーグクラブ全体ではかなりの人数がこのパターンでサッカービジネス業界入りをしているのは事実である。

⑤　まずはＪリーグクラブのサッカースクールコーチになる

あなたがサッカー経験者で、比較的若い場合、実は最も可能性のある裏技が、まずそのクラブの下部組織が募集する「サッカースクールコーチ」として入り込み、将来的にクラブ運営の事業部などに異動する、という方法である。多くのＪリーグクラブは常にアルバイト等のサッカースクールコーチを通年で募集しているケースが多く、なかなかスタッフを増やせない事業部よりも比較的採用されやすい（もちろんその募集要項に合えば、ということだが）。そして採用の際に「将来的には事業部的なクラブ運営の仕事をしてみたい」としっかり伝え、入社後も事務作業なども自ら進んで受け持ち、その能力と意思があることをクラブにしっかりとアピールしておけば、そこから事業部に異動、なんてこともありうる。現に横浜ＦＣにも今年そのようなスタッフが2名ほどいるし、先日話す機会があった他のＪクラブ事業部の方もスクールコーチ上がりの事業部スタッフが数名いると言っていた。この裏技が使えるのはコーチができる限られた人になってしまうが、実はかなり有効な手段である。

□ サッカービジネス業界へのトビラ（その3）

ここまで、実際にあったケースを基にサッカービジネス界に入り込む方法をいくつか述べてきた。事実、各ケースともそれがきっかけで現在サッカービジネス界で実際働いている人たちがいるという点で、かなり有効な手段であるといえるのではないだろうか。

繰り返しになるが、業界に入るために大事なことが2つある。1つはとにかく自分から動くこと。「いつかこうなったらいいなあ」と夢想しているだけでは何も起こらず、あなたを認めてもらえる機会は来ない。そしてもう1つは、とにかく目的を達成するまで続けること。1つの方法がダメだったからと諦めたらそこで終わりなので、常に次の策を実行していけば、必ずゴールに辿り着くはずだ。

そしてぜひお願いしたいのは、業界に入ることを目的とするのではなく、入ってから何がしたいかを考えておくこと。それがないと最初はこの世界に入れたことが嬉しくて仕方なくても、徐々にその世界の嫌なところ（待遇や仕事内容など）ばかりが気になり、続かなくなってしまう。入ってから何ができるのか、それを意識しておくことが重要である。

ここで、学生の皆さんへのアドバイスがある。日頃から多くの学生から就職の相談を受けるが、その際アドバイスしているのが、今まで述べたようなことのほかに、まずはサッカー以外の業界に就職してみるということである。なぜなら、いきなり好きなことを仕事にすると、いつの間にかその有難味が薄れてしまい、この仕事の嫌な部分ばかりが目につき、あげく「こんなはずではなかった」と辞めてしまうことにもなりかねないからだ。一度好きではないことを仕事として経験しておけば、どんな仕事も大変で、喜びも辛さもあることがわかるし、そのうえで好きなことを仕事にできるようになれば、より喜びや幸せを感じられるだろう。

また多くのクラブがギリギリの人数で回しており、なかなか会社として新人教育をする余裕がないのも事実なので、一度はしっかりとした社員教育制度がある会社で社会人教育をしてもらった人のほうが、好きな業界に入った後に即戦力として質の高い仕事ができる可能性が高まる。会社に給料をもらいつつ会社のお金でビジネス・スキルを磨く機会など、新入社員にしかない最高の特権である。入る業界自体には特にこだわらなくていいと思うが、職種としては、営業を経験することを最もお勧めする。営業ができればどこでも生きていけるし、金を稼げる人材はどこも欲しいであろう。またマーケティングという分野も今後はとても重要になってくると思われる。

さらに、磨いておく能力として、前述した「コミュニケーション能力」、「自由な発想」、「体力」を強調しておきたい。これらがないと入社後とても苦労するだろう。

□　まとめ（スポーツビジネスはドリームジョブである！）

果たしてスポーツビジネス界で働くということは、「ドリームジョブ」なのであろうか？私にとっての答えはもちろん「Ｙｅｓ」である。自分の大好きな、そして自分をここまで育ててくれたサッカーを生業として生きていけるということは私にとっては人生最大の喜びの１つである。もちろん仕事なので毎日楽しいことばかりではなく、また勝負の世界なので負ける時もありその時は本当に悔しい思いをするし、まだまだチャレンジャブルな業界なので思いどおりにいかないことも沢山あってイライラもする。時にはもっと休日は子供と遊んでいたい、なんて思うこともある。でもそんなさまざまなマイナス要素なんか吹き飛ばすような「やりがい」がある仕事だと私は思うし、何より試合に勝ったときの最高の気分は一度味わったら癖になる。この興奮は（サッカー好きな）私にとってはサッカービジネスに関わらなければ味わえない特別な感覚だと思うし、何より自分の頑張りを通じて日本サッカー界に少しでも貢献できる可能性があるという毎日は本当に刺激的だ。要は行きつくところは価値観の問題という結論になってしまうが、「好きなことを仕事にする」ということはそういうことなのではないだろうか？

最後に、これからプロスポーツ・ビジネス界に入りたい、またはこれから入るという方には繰り返しになるが、次の２つのことを忘れないでほしい。１つめは「初心忘れるべからず」という当たり前のことを強調しておきたい。どうしても日々の業務に流されていくと、プロスポーツ・ビジネス業界に入りたくてうずうずしていた頃の気持ち、入れた時の興奮を忘れてしまいがちになり、その結果、条件面や環境などの本質とは違う部分でのマイナスな要素ばかりが気になり、目標を失ってモチベーションが低下し、あげくの果てにはせっかく大変な努力をして入った業界なのに辞めてしまうというケースも少なからずある。それは本人にとっても会社にとってもとても悲しいことなので、折に触れ初心を思い出すような習慣をつけておくことを心掛けよう。

２つめは、そのような悲劇を避けるうえでも大事な事だが、業界に入ること自体を目的とせず、必ず入った後で自分が何をしたいのかをしっかりと考えてほしい。私の場合は、日本においてサッカーを本当の意味でビジネスとして確立し、サッカー文化を発展させていくことで日本が真のサッカー強豪国になるという目標のために日々過ごしている。目標を見失ってしまうこともたまにあるが、基本的にはほかのことはあまり気にならない。

あなたもぜひ「初心」というスタート地点と「目標」というゴール地点を常に心にとどめ、「ドリームジョブ」のやりがいをぜひ味わっていただきたい。そしていつか本書を読んだ方と業界で出会い、できれば一緒に仕事ができることを楽しみにしている。

エピローグ

□　プロスポーツと地域活性化の今後

私たちがふと地域を意識するのは、例えば「全国高校野球」で自分の出身地の高校を何となく応援する時や地域の知名度を上げるための出身地の地元の「ゆるキャラ」を目にした時などではないか？　最近では、地元のプロスポーツと地域の密着度が増している。

浦和レッズをさいたま市（旧浦和市）に誘致した時、「全国各地へ行き、浦和市と話をしても、〝ディズニーランドのあるところ〟（千葉県浦安市）と勘違いされるのが常だった。しかし、浦和レッズが来てからは、〝浦和レッズの浦和ですよね〟というように言われるようになりました。」と当時の市長が話されていたのを思い出す。

また過去のプロ野球は、企業チームとしてのイメージが強く、地域というキーワードはあまり感じられなかった。しかし最近は、Ｊリーグのクラブと同様に地域名を球団名に冠することで、地域に愛され、その地域のシンボルとなっている例（北海道日本ハムファイターズ・東北楽天ゴールデンイーグルス・福岡ソフトバンクホークス等）も増えた。

プロスポーツを通じて、地域に注目が集まり、多くの人々がその地域を訪れることほど地域を活性化する策はない。それを体現するのがＪクラブだ。Ｊクラブには、地域社会における存在価値がある。地域におけるＪクラブは、試合のある日だけではなく、地元の人々の手の届く場所にあり、日常生活の中に浸透している。例えば、練習観戦、学校授業や各種施設への選手による訪問、さまざまなスポーツイベントへの参加・社会貢献活動など、地域において地に足をつけた活動を行うことで、地域社会に必要とされ、愛される存在になっている。Ｊリーグは２０１４年シーズンからＪ３を設置したが、新たにＪリーグ入りを目指すクラブは全国に多数ある。地域にＪクラブが誕生すれば、その地域に多くのメリットをもたらすことが期待できる。しかし、プロである以上、チームがより強く魅力的でなければ、人気が上がらないうえに資金も集まらず、ビジネスとして成立しないことは肝に銘じるべきである。

　地域活性化と魅力的なチーム作りを同時に実現するには、地域の行政・市民・企業を球団・クラブ作りに広く巻き込み、１人でも多くが「We（私達は）」とか、「My（私の）」という一人称で球団・クラブのことを語る水準までファンと一体化する必要がある。そして、「チームが勝ち、お客さんが増え、メディアへの露出も増えることでスポンサー価値が上がり、収入が増えることで投資を拡大し、より魅力的で強いチームを作り、さらにチームが勝っていく」という正のスパイラルへ入っていくことが必要である。スポーツによって地域に活力が生まれ、地域の人々の生活を豊かにしていく、そんな現象が全国各地でもっとたくさん出てくることを期待したいものである。

□ わが国におけるスタジアムの将来ビジョン

　サッカー専用スタジアムの話は第2章で詳しく述べたが、日本のスポーツの将来にも影響を与える可能性があるのが、２０２０年オリンピック・パラリンピックに向けて建て替え予定の新国立競技場だ。ここは新たなスタジアム像の代表となるはずであり、わが国で今後建設されるスタジアムの方向性を担う重要な動きといっても過言ではない。

　国立競技場を管理運営している日本スポーツ振興センター（ＪＳＣ）は、新国立競技場計画について、8万人収容かつ陸上トラックの常設を計画しているようだが、大きすぎるゆえの周辺景観への悪影響、不透明な意思決定プロセスで見積もられた高すぎる費用、非現実的な長期収支計画等多くの問題が指摘されており、見直し論が取り沙汰されている。

　五輪後も長年使用する前提であるため、多目的利用を想定した設計になることは経済性の観点からある程度はやむを得ない。しかし、スタジアムの傾斜はなだらかで、観客席はピッチから遠い。ＪＳＣは1階席を可動式とし、サッカーなど球技の試合時はピッチに近づける仕組みであると主張するが、2、3階席は遠いままであるし、勾配が少ないため全席で前列が視界に入り試合が見にくい状況であり、臨場感のある欧州の理想的なスタジアムとは程遠くサッカー関係者には不評である。現在の計画の延長線で議論が進み、総工費削減目的で工事縮小となれば何もかもが中途半端な妥協の産物となり、五輪後は、国民・東京都民にとって無用の長物、負の遺産として引き継がれる可能性もある。

　これらの課題を解決するには、陸上トラックと球技場をセパレートして建設し、観戦しやすい球技専用スタジアムにすることも選択肢として考えられるはずだ。また、今後は、透明性のある意思決定のプロセスで、都市計画の一環として適切な計画見直しが実現することが求められる。収益面では、都心の好立地にあるため、陸上大会より集客を見込めるサッカー代表戦等の国際大会、文化芸術、有名タレントなどのイベントを中心に考えるほうが現実的かもしれない。加えて、新国立競技場が欧米のスタジアムにも負けない、人々が集う地域を代表する魅力的な施設になるためには、単にデザインや機能面で優れたスタジアムを構想するのではなく、スポーツ関連施設、ショッピングモール、文化・エンターテイメント施設、広場等を併設した複合総合エンターテイメント施設にすると共に、日本独自のコンセプトを取り入れ外国人観光客も見学に来るような創意工夫をして、五輪後も新たなランドマークとして東京の中心的なシンボルにすることを目指すべきである。

　なお、新国立競技場は五輪ばかりでなく、２０１９年ラグビーワールドカップに利用することも決定しており、日本のスポーツイベントの「聖地」となる可能性が高い。早急に基本設計を固め、世界が注目する魅力的なスタジアムになることを大いに期待したい。

□ ＩＰＯ後も業績を伸ばし続けるマンチェスター・ユナイテッドに学ぶ

上場後の２０１３年、マンチェスター・ユナイテッドはさらに事業運営を成功させている。まずは収入であるが、巨額のスポンサーシップ契約の獲得を追い風に、コマーシャル収入を30％増加させている。放映権収入はほぼ横ばい。スタジアム関係の収入である入場関係の収入も10％増加させている。選手の移籍金関連からも収入を上げており、営業利益は、40％増を達成した。最終利益は、借入金の利払いは少なくないものの税効果もあり、１億４６００万ポンドを実現している。プロスポーツ企業の上場に関しては、現在のところ、ひとまずのブームが収束した感じである。米国ではプロスポーツ企業の株式を未公開化する動きもある。その状況だけを見て、日本（Ｊリーグ）のクラブも上場すべきでないと片づけるのは短絡的であろう。今の日本の状況を鑑みると、プロスポーツ企業としての成長ステージにおいて、まだまだ手前を走っており、先行する海外のクラブから学べることは多い。上場のメリットや効果など、もちろん、マーケティング戦略やその実行方法などと合わせて、運営施策を分析し学ぶことは、ビジネスのプロフェッショナル化において先行するマンチェスター・ユナイテッドなどの海外クラブに対して、さらに一歩でも二歩でも追いつきたいのであれば、必要なことといえよう。

Ｊクラブの多くではスタジアムや育成設備などの整備はまだまだこれからであるし、ＣＲＭやデータ分析などのＩＴ投資もさらに必要と考えられ、そのためのプロフェッショナルの採用もこれからの重要な課題であろう。そうした中、資金調達の１つの選択肢として、上場も考えられるし、その場合はマンチェスター・ユナイテッドのように種類株を検討する、あるいは、あるべき適切な株主構成を模索することで、上場という道が開け、その後、社債発行などさまざまな資金調達の選択の幅が広がるであろう。

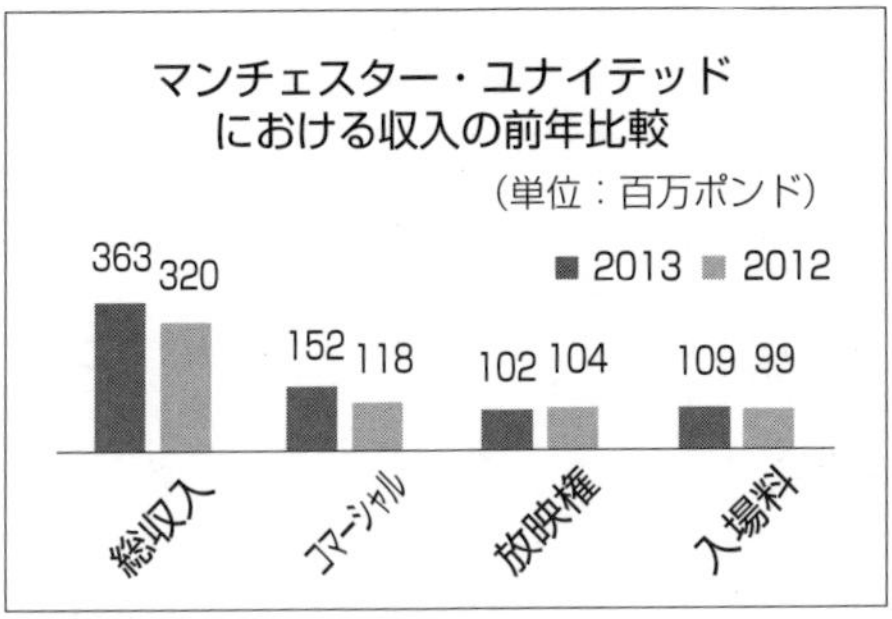

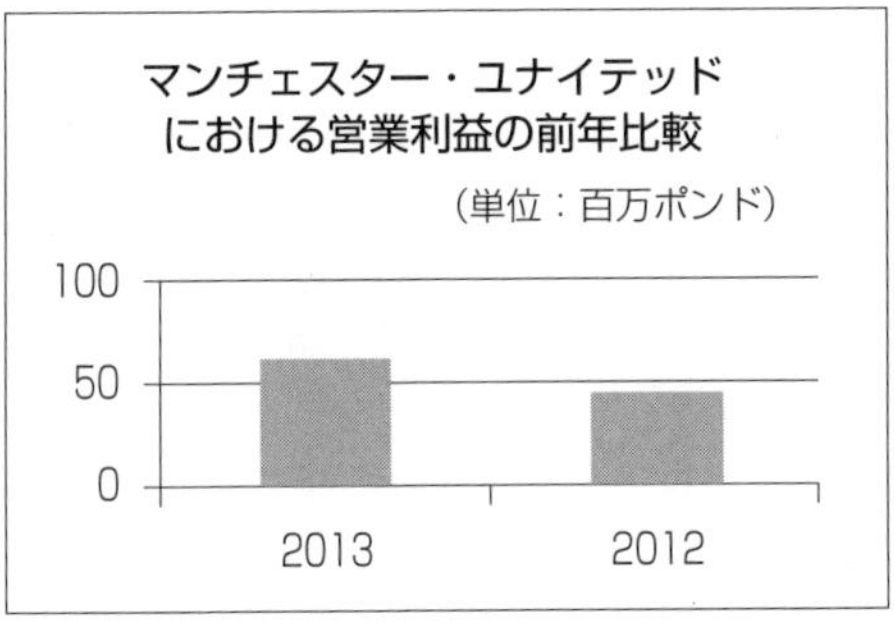

□ プロスポーツ・ビジネスの未来

プロスポーツ・ビジネスは何をもって成功というのか、考え方は人によって異なるが、ビジネスである以上、長期的に生き残るために業績向上と企業防衛を適切に行える集団でなくては明日がない。経営環境を分析すれば、競争相手は同業界だけでなく、小売業界、エンターテイメント業界もありうる。いずれにしても、クラブとして試合に1つでも多く勝つことと、試合内容で感動を与える努力はプロスポーツとして当然すべきだが、それ以外でも、ファン、観戦者、視聴者など、彼らが支払った対価に見合う楽しめる空間や場をスタジアム内外、ショップ展開、イベントスペース、ITを創出し、顧客満足度向上を徹底してビジネスを考えるCRMで企業成長する必要がある。

ちなみに、日米のプロ野球ビジネスは10年前までは2、3倍程度のマーケットの開きであったが、今では5、6倍程度も差がある。日本がほぼ横這いであったのに、米国はマーケットを急拡大させたのだ。つまり、ビジネスの創意工夫、ステークホルダーとの交渉、顧客満足度向上などを適切に行えば、日本もまだ十分成長する余地がある証しでもある。

そして、エンターテイメント性を高めるために、スタジアムはさまざまなニーズに沿った複数の価格帯の座席、選手と接する機会、試合前後で楽しめるファンイベントなどができるように施設を改修し、劇場やモールにも引けをとらないスペースを提供すべきである。また、最新のＩＴ化に対応するため、モバイル端末で観客が選手、チーム、試合などの最新情報をリアルタイムで閲覧できるほか、座席をはじめとした施設内の案内、チケット予約、ショップや飲食の精算、施設内外で使えるモバイル・クーポンの発行なども可能にし、コンサートや劇場と同様のサービスを実現すべきであろう。

　また、視聴者が増えればメディア・コンテンツとしての価値も高まり、放映権やスポンサー収入の新たな獲得・拡大の可能性もある。年間または複数年で試合をはじめとした映像コンテンツを地上波や衛星放送局に一括購入してもらうことも重要である。映画などでも同様だが、複数本を一括購入してもらうことで、高額コンテンツと合わせると低価格のものも同時に販売できる余地が出る。購入した放送・メディア側も高額コンテンツは戦略的に視聴者に提供していき、一括購入したコンテンツはアーカイブとして空き時間などに流すコンテンツとして活用する機会も生まれるはずである。クラブ側としても、露出度をその分高める可能性が拡がるので、目玉コンテンツでなくても多く映像として流れれば、ブランド価値の創出、無償の広告宣伝として少しでも役立つはずである。

　いずれにせよ、プロスポーツ・ビジネスは将来有望な産業の１つとして位置付けられる。

□ 世界一のプロスポーツ・ビジネスを目指して

今まで説明してきたとおり、プロスポーツはビジネスとして有望な産業であるが、その特徴ゆえに、チーム運営と事業運営のバランス、各周辺事業との相乗効果、チーム運営として徹すべき事項などをよく理解し、日々の球団・クラブ運営をしていかなければならない。近年、世間的には成功しているビッグクラブも幾つか出てきているが、真に盤石な球団・クラブは1つもなく、成功へのプロセスは今後もそれぞれが試行錯誤していくことだろう。しかし、本書を通じて数多くの成功の秘訣や方向性は示せたのではないかと考えている。プロスポーツ関係者がその中でどれかを選択して実行すれば、現状を打破し、経営課題を解決する糸口を見つけられるきっかけになるはずである。実際のプロスポーツ・ビジネスにおいて、本書が示してきたスキーム等を積極的に検討し、経営上の課題を分析・解決することで、さらなる発展を実現することを我々は願ってやまない。

最後に、全体を通じて我々が説明してきたプロスポーツ・ビジネスの展開におけるポイント、留意点を次ページに図表としてまとめたのでぜひ参考にしてほしい。近い将来、製造業や小売業で日本企業が実現してきたようにわが国のプロスポーツ・ビジネスが世界的に存在感のあるビッグビジネスに変貌する姿に思いを馳せ、本稿を終わりとしたい。

◆ プロスポーツ・ビジネスの展開

□全国的球団運営型経営
□オーナー主導運営型経営
□非オーナー・自主運営型経営

	■オンザピッチ（On The Pitch）	■オフザピッチ（Off The Pitch）
人	○監督とGMがチーム運営の全権を掌握する ・チーム理念・カラーの熟成、独自かつ一貫した戦術 ・早期の人員補強・充実、チームワークの向上 ・マスコミ対策、外部からの選手防衛 ○カテゴリーに合致したチーム作りのスキルを持つ監督 ○有名選手獲得 ○有望選手育成、コンプライアンスやメディア対応強化 ○下部組織からの選出（幅広い年代をカバー） ○フィナンシャル・フェア・プレーへの遵守 ○「マネーボール」流の人材発掘術の実践 ○コーチほかチーム運営の裾野の拡大 ○ファン・サポーターの組織化 ○スタッフの拡充、教育、モチベーション向上策 ○市民スポーツとの共生、地域活性化への貢献	○オーナーはチーム運営に口出ししない ・スタジアム・選手の充実、その他ニーズの具現化 ・資金確保、周辺事業の相乗効果や拡大を図る ・各種対外交渉の優位性の確保 ○選手やチームのブランディング ○選手・監督の地元イベントやメディアへの露出 ○専門人材の充実強化 ・金融マン（ファイナンス、事業計画、利益管理等） ・マーケティング分野の専門家（広告、PR、イベント、販売促進ほか） ・リテイリング分野の専門家 ・メディア・エンターテイメント分野の専門家 ・弁護士、会計士、税理士、弁理士 ・カテゴリー別のスポンサー、ライセンシーの充実
モノ	○専用スタジアムで顧客満足度向上、国際標準対応 ・屋根、席、トイレ、飲食、売店、休憩等の設備 ○クラブハウスや練習場の充実 ○下部組織を育成するための設備の充実 ○収容人数アップとなる新設、改修 ○プレミアム・シートやスペースの新設・改修 ○チケットの種別の多様化 ○コンサート、観劇などのイベントスペース対応 ○医療・トレーニング等の施設やスタッフの充実強化	○自前スタジアム内外の周辺事業の拡大・強化 ・看板広告、ネーミングライツ ・常設のショップやメモリアル施設の設置 ・飲食店の多様化、グレードアップ ・パーティー、レセプション会場併設 ・イベント会場（常設、臨時、市中ほか） ○スタジアム所有自治体との交渉強化 ・施設の利便性の向上 ・球団・クラブの自前ホーム化に近い運営確保
カネ	○観客動員数増加による入場料収入向上 ・至近距離での観戦、劇場型観戦環境 ○特別席等の拡充による顧客単価アップ ・優良顧客２割が売上の８割に貢献する ○試合当日の飲食・グッズ関連収入アップ ○選手編成と移籍金とバランス・コントロール ○外国クラブとの資本提携による相乗効果、海外展開 ○異種スポーツチームとの資本提携による相乗効果 ○試合当日のファン・イベントほか ○チーム運営経費のコントロール	○スポンサーやライセンシーの拡大による収益向上 ○キャラクター、グッズ等の小売販売や権利ビジネス ○金融機関等との交渉（融資、社債発行、増資引受等） ○自治体ほか公的機関からの助成、制度融資 ○totoくじの助成金（自治体、非営利法人等の活用） ○ファン、地元企業等からの寄付等の仕組み作り ○クラウドファンディング（寄付型、購入型、投資型等） ○IPOやM&Aの活用 ○PFI（プロジェクト・ファイナンス・イニシアティブ）活用 ○全体および部門別の損益・資金繰りのコントロール
情報	○情報管理の専門部署、ITの積極的多元的な活用 ○ニュース配信（会報、ネット、モバイル、放送等） ○試合情報の充実（会報、ネット、モバイル、放送等） ○選手情報の充実（会報、ネット、モバイル、放送等） ○試合中継の充実（会報、ネット、モバイル、放送等） ○過去の試合、選手映像のアーカイブ（ネット、モバイル等） ○「マネーボール」流を実践するためのデータベース構築	○CRMの整備 ・顧客データ管理、Web運営、メルマガ、SNS等 ・顧客ごとのワンツーワン・マーケティング ○グッズなどの在庫管理システム、Ｅコマース強化 ○球団・クラブ運営の情報開示、透明化 ○自主運営放送メディア整備 ○情報管理、情報の多言語化

＜参考文献＞

『スポーツイベントのマーケティング』間宮聰夫／野川春夫　編（市村出版）
『プロスポーツクラブのマネジメント』武藤泰明（東洋経済新報社）
『なぜ，浦和レッズだけが世界に認められるのか』西野努（東邦出版）
『浦和レッズのしゃべり場〈2〉西野努×大野勢太郎　ニシノスタイル』
ランドガレージ　編（ランドガレージ）
『裏方の流儀』小宮良之（ＳＳコミュニケーションズ）
『ケーススタディ・上場準備実務』新日本有限責任監査法人　編（税務経理協会）
『株式上場できるかどうかがわかる本』中央青山監査法人事業開発本部（中経出版）
『金融マンのための「ＩＰＯ支援業務」業界別ガイドブック』
新日本有限責任監査法人事業開発部　編（中央経済社）
『株式上場マニュアル』新日本有限責任監査法人事業開発部　編（税務研究会）
『Ｍ＆Ａを成功させるデューデリジェンスのことがよくわかる本』
新日本有限責任監査法人事業開発部／新日本アーンスト　アンド　ヤング税理士法人／アーンストアンドヤング・トランザクション・アドバイザリー・サービス株式会社　編著（中経出版）
『社会に期待されつづける経営』新日本有限責任監査法人　編（第一法規出版）
『いちばんわかりやすい内部統制のポイント』三浦太（中経出版）
『実践　事業計画書の作成手順』新日本有限責任監査法人事業開発部（中経出版）
『内部統制の実務がよくわかる本』新日本監査法人事業開発部（中経出版）
『資本政策の考え方と実務の手順』新日本監査法人事業開発部（中経出版）
『なぜ，レアルとバルサだけが儲かるのか？―サッカークラブ経営に魔法は存在しない』
アルフレード　ガティウス／ホセ・マリア　ウック／采野正光　訳
（ベースボールマガジン社）
『ゴールは偶然の産物ではない－ＦＣバルセロナ流　世界最強マネジメント』
フェラン・ソリアーノ／グリーン裕美　訳（アチーブメント出版）
『ビジネスで大事なことはマンチェスター・ユナイテッドが教えてくれる』
広瀬一郎／山本真司（近代セールス社）
『マンＵ　世界で最も愛され，世界で最も嫌われるクラブ』東本貢司（ＮＨＫ出版）
『「ジャパン」はなぜ負けるのか－経済学が解明するサッカーの不条理』
サイモン・クーパー／ステファン・シマンスキー／森田浩　訳（日本放送出版協会）
『実践スポーツビジネスマネジメント―劇的に収益力を高めるターンアラウンドモデル』
小寺昇二（日本経済新聞出版社）
『財団法人日本サッカー協会75年史―ありがとう。そして未来へ』
財団法人日本サッカー協会75年史編集委員会（日本サッカー協会）
『日本はサッカーの国になれたか。電通の格闘』濱口博行（朝日新聞出版）
『月刊金融ジャーナル』2013年１月号，2013年２月号（日本金融通信社）
『スポーツを核とした街づくりを担う「スマート・ベニュー」』
（株式会社日本政策投資銀行）
『広域関東圏におけるスポーツビジネスを核とした新しい地域活性化のあり方に係る調査』
（経済産業省関東経済産業局）
『スポーツビジネスを核とした地域活性化フィジビリティ調査』
（経済産業省関東経済産業局）
『Ｊクラブの存在が地域にもたらす効果に関する調査』
（株式会社日本経済研究所）

＜参考ＵＲＬ＞

国際サッカー連盟公式サイト　http://www.fifa.com/
（日本語版　http://jp.fifa.com/）
欧州サッカー連盟公式サイト　http://www.uefa.com/
（日本語版　http://jp.uefa.com/）
Ｊリーグ公式サイト　http://www.j-league.or.jp/
日本野球機構オフィシャルサイト　http://www.npb.or.jp/
日本相撲協会公式サイト　http://www.sumo.or.jp/
朝日新聞 Globe デジタル版　http://globe.asahi.com/
スポーツナビ　http://sports.yahoo.co.jp/
東スポＷＥＢ　http://www.tokyo-sports.co.jp/
スポビズ　http://www.spobiz.net/
スポーツナビ＋　http://www.plus-blog.sportsnavi.com/
全日本少年サッカー大会　http://u12-football.jp/past.html
日経ビジネスONLINE　http://business.nikkeibp.co.jp/
東洋経済ONLINE　http://toyokeizai.net/search
西野努オフィシャルブログ「魁！西野塾」
http://ameblo.jp/tsutomu-nishino/
テレビ東京　http://www.tv-tokyo.co.jp/
London Stock Exchange
http://www.lse.ac.uk/home.aspx
Manchester United 公式サイト　http://www.manutd.com/
Juventus 公式サイト　http://www.juventus.com/
Real Madrid 公式サイト　http://www.realmadrid.com/
Forbes公式サイト　http://www.forbes.com/
Arsenal公式サイト　http://www.arsenal.com
ＢＢＣ　http://www.bbc.co.uk
Goal.com　http://www.goal.com/jp
Daily Mail　http://www.dailymail.co.uk
The Gurdian　http://www.theguardian.com
The Daily Telegraph　http://www.telegraph.co.uk
Evening Standard　http://www.standard.co.uk

【企画、監修、執筆代表】（五十音順）

西野　努（にしの　つとむ）

1971年３月13日生まれ、奈良県出身。奈良県立奈良高等学校、神戸大学サッカー部を経て、1993年Jリーグ開幕時に浦和レッズへ加入。2001シーズンまでDFとしてプレー。引退後、浦和レッズ強化本部スカウト担当・事業本部パートナーシップ担当を歴任。その間、英国立リバプール大学大学院サッカー産業MBA取得（2004）。１年間の育児休業を経て2006年に株式会社オプト・スポーツ・インターナショナルを設立。サッカースクールの運営や浦和レッズスポンサー業務等を行う。その他、株式会社SEA Global 取締役、産業能率大学情報マネジメント学部客員教授、Jリーグキャリアサポートプログラムや新人研修のインストラクターを務める。主な著書には、『なぜ、浦和レッズだけが世界に認められるのか？』（東邦出版　2007）がある。

藤原　兼蔵（ふじわら　けんぞう）

1974年６月20日生まれ、東京都出身。都立駒場高校サッカー部、東京学芸大学蹴球部に所属後、大学卒業後は一般企業に勤務しつつ、母校の高校サッカー部コーチを８年間務める。2005年、英国立大学リバプール大学大学院サッカー産業MBA卒業後、Jリーグクラブに就職し、現在 Jリーグ横浜FC執行役員事業統括部長として、スポンサー収入、興行収入などを統括する。

三浦　　太（みうら　まさる）

公認会計士（新日本有限責任監査法人　シニアパートナー）。上場会社の財務諸表監査・内部統制監査、IPOその他に関する短期経営診断業務、デューデリジェンスほかM&A周辺支援業務を実施するほか、会社設立、内部統制・資本政策・事業計画などのトータル・アドバイザリー業務も展開。大手金融機関や大学などでセミナー講師を歴任。主な著書として、『ケーススタディ・上場準備実務』（税務経理協会）、『IPO実務用語辞典』（同文舘出版）、『会計士が教える　会社分析のテクニック』（中央経済社）、『社会に期待されつづける経営』（第一法規出版）、『いちばんわかりやすい内部統制のポイント』『実践　事業計画の作成手順』『資本政策の考え方と実務の手順』『株式上場できるかどうかがわかる本』（中経出版）、『株式上場マニュアル』（税務研究会）ほか多数。

【その他執筆陣】（五十音順）

小野坂　彰（おのざか　あきら）

米国公認会計士（新日本有限責任監査法人　アシスタントディレクター）。リスクマネジメント関連、ITリスク関連、経営革新／業務改善等の助言業務を提供するソリューション業務本部に所属。主な著書として、『株式上場できるかどうかがわかる本』（中経出版）ほか。

帯金　貴幸（おびがね　たかゆき）

コンサルタント（EYアドバイザリー株式会社　マネージャー）。主として、グローバル製造販売企業のグループ経営管理、業績管理、財務経理領域の業務改善などのコンサルティング業務に従事。

神谷　敦志（かみや　あつし）

コンサルタント（EYアドバイザリー株式会社　シニアマネージャー）。主として、小売・流通・消費財メーカーを中心とした企業の事業改革、業務改革、その他ニーズに応じたアドバイザリー業務に従事。

清水　健一郎（しみず　けんいちろう）

米国公認会計士（新日本有限責任監査法人　シニアマネージャー）。外資系コンサルタントを経て現職。多数のグローバル案件を手掛ける。内部統制、ガバナンス体制構築、IT企画立案、ITデューデリジェンスなど各種アドバイザリー業務に従事。

【編集協力】（五十音順）

伊地知　直亮　（いじち　なおあき）

株式会社電通　スポーツ局スポーツ２部長

主な著書として、『スポーツイベントのマーケティング』（市村出版）ほか

原田　清吾（はらだ　せいご）

株式会社上場ドットコム　代表取締役

一般社団法人日本IPO実務検定協会理事

著者との契約により検印省略

平成26年6月20日　初版第1刷発行

プロスポーツ・ビジネス
羅針盤

著　者　西野　努
　　　　藤原　兼蔵
　　　　三浦　太
発行者　大坪　嘉春
印刷所　税経印刷株式会社
製本所　株式会社　三森製本所

発行所　〒161-0033 東京都新宿区下落合2丁目5番13号　株式会社 **税務経理協会**

振替 00190-2-187408　電話 (03)3953-3301（編集部）
FAX (03)3565-3391　(03)3953-3325（営業部）
URL　http://www.zeikei.co.jp/
乱丁・落丁の場合は，お取替えいたします。

ISBN978-4-419-06110-4　C3034